熱はどこに
　たくわえられるか

板倉聖宣・犬塚清和・大黒美和 著

やまねこブックレット教育④　　　　　　　仮説社

まえがき

犬塚清和

　科学は最高の遊びの一つだ。——この本に収めた授業書と高知の小学5年生たちによる授業記録を読んで，あらためてそう思いました。

　この授業でつかうのは，お湯と，十円玉や一円玉などのコイン，釣り用の重りに使う鉛，そして温度計だけです。討論らしきものはほとんど起きません。「水遊び」「お湯遊び」のような授業です。

　「お湯遊びの授業」なんていうと，大黒先生のクラスの子どもたちに怒られそうです。ところが，感想文にある子どもたちの文章を読むと「これは高校生か大学生が書いたんじゃないのか。ホントに小学生なのか」と思えてきます。ここで17人全員の子の感想文を書き写したい気分だけれど，2つだけ紹介しておきます（全文は本文に収録してあります）。

　「熱というものは，原子分子のしん動のエネルギーなのです。だから，原子1個1個の重さはちがっても，原子の個数が変わらなければたくわえられた熱量は同じなのです」と戸梶さん。「4年生の時にやった《温度と分子運動》の授業を思い出しました。やっぱり熱の正体は分子運動だったんだと思いました。分子の数が同じだと熱量も同じになる。《温度と分子運動》が使えてびっくりしました」と真緒さん。

　授業の記録を読み，こうした感想文を読んだ人だったら，「科学は最高の遊びの一つだ」というぼくの感想にうなずいていただけるのではないでしょうか。それを証明している子どもたちが，都会の，名門私立学校などではなく，四国・高知のごく普通の公立小学校にいるのです。これは日本の教育の未来の姿を映す鏡のように思えてきます。それに，「もちしゃぶパーティー」で熱の授業の最後をしめくくるなんて，憎いです。

東京・浅草の街を歩いていたときに見た居酒屋の「心温まるお酒あります」という看板を思い出しました。「ここに心温まる授業あります」。
　こういう授業を実現させた一番の要因は,《熱はどこにたくわえられるか》という授業書の存在です。大黒先生のすばらしさは,クラスの子どもたちの能力と関心のありかたを見極めて,この授業書を取り上げたこと,そして,自分も子どもたちといっしょに,この授業書の導く科学の世界をおおいに楽しんだところにあるといっていいでしょう。つまり,このような「心温まる授業」は,いま手にしている授業書があれば（その気があれば）,誰にでもできるといえるのです。

　さて,《熱はどこにたくわえられるか》という授業書には,忘れえない思い出があります。月刊『たのしい授業』が創刊（1983年3月）された年に,ぼくは『科学入門教育』（季刊）の編集・発行をはじめました（全12冊）。板倉先生は,その「お祝い」の意味を込めてのことだと思いますが,できたてのこの授業書を,創刊号（1983年7月）のために寄稿して下さったのです。
　ところがぼくは,それから公立中学校を定年退職するまでの20年間,この授業をすることがありませんでした。ただこの授業書に出てくる「モル個」という単位にとても感動した記憶が残っていました。「〈モル〉も〈モル個〉も同じだ」という人がいるかも知れませんが,〈わかり方〉という面からすれば,まるで違います。〈モル個〉といえば〈個数〉に決まっていますが,多くの人にとって〈モル〉だけでは〈わけのわからない呪文〉にすぎないのです。高校生のぼくが「モル」を嫌いになった原因はここにあったのです。
　60歳を過ぎ,高校で授業をするようになって「モル」に出会ったとき,思い出したのがこの《熱はどこに…》です。「モルを教えるための苦肉の策」ではじめた授業でしたが,きゃぴきゃぴした元気な女子高生には受けました。しかもその頃に,ぼくの一番好きな授業書になった《温度と分子運動》が発表されたのです。そこで,この2つの授業書は「熱

と分子運動」の定番の授業になったのです（現在，ルネサンス高校のスクーリングの授業やレポートにもこの授業書を使っています）。

　板倉先生の名著の一つ『原子論の歴史』（上下2冊，仮説社）の「下」の最終章「原子論の最後の最後の勝利」の項には，「熱はどこにたくわえられるか」という見出しで，分子運動論の歴史と成果が紹介されています（そのことはまた，サイエンスシアターシリーズ『熱と火の正体』にも書かれています）。

　この本におさめた授業書と解説は，表記などを一部改めた他はほとんど発表当時のままです。

　一方，授業のほうは，2015年の4月に実施されたものです。授業書発表から30年たっても子どもたちの心をとらえてはなさないのは，内容が「科学の基礎」だからでしょう。

　なお，「仮説実験授業」について興味をもった方は，とりあえず，『仮説実験授業をはじめよう』（編集代表：板倉聖宣）とか，板倉聖宣『仮説実験授業のABC』，板倉聖宣『未来の科学教育』（いずれも，仮説社）などのどれかを手にとってみてください。『仮説実験授業をはじめよう』には，ぼくの書いた《水の表面》の授業記録ものっているのですが，これは大黒さんの《熱はどこにたくわえられるか》の授業記録と，雰囲気が何となく似ているように感じています。

　あなたもこれらの本を参考に「最高の遊び」を始めてみませんか？そして，子どもたちのすばらしさと科学のすばらしさにふれてみませんか？

（2015.7.5）

熱はどこにたくわえられるか
板倉聖宣　犬塚清和　大黒美和

　　　　　まえがき ……………………………………… 犬塚清和 2

《熱はどこにたくわえられるか》
　　授業書と解説 ……………………………………… 板倉聖宣 6

　はじめに　6／重さが同じなら，たくわえらえる熱量もおなじか？　9／体積が同じなら，たくわえられる熱量も同じか？　10／原子の数を同じにしたら？　11／たくわえる熱量は「原子の数」できまるか　13／熱は原子や分子の振動のエネルギー　15／この授業書のねらいと実験上の注意事項　15

熱の正体がわかった！
　　小学5年生と《熱はどこにたくわえられるか》の授業
　　　　　　　　　　　………………………… 大黒美和 23

　《温度と分子運動》をやった子どもたちと　23／石蒸し料理って？　24／ホントに水が沸いた！　26／始まりは楽しい石蒸し料理　27／釣りみたいで楽しい！　32／熱量は重さで決まるか？　40／体積を同じにすると？　45／原子の数を同じにすると？　50／本当に「原子の数」で決まるか？　59／最後は「もちしゃぶ」パーティー？67

　　　　　あとがき ……………………………………… 大黒美和 77

熱はどこにたくわえられるか

授業書と解説

板倉聖宣

〔編注〕授業書《熱はどこにたくわえられるか》およびその解説は,『科学入門教育』No.1（犬塚清和編集, つばさ書房／仮説社, 1983）に発表されました。そこには「第一次案」と紹介されていますが, 以後, 具体的な改定案は発表されていません。以下に収録する授業書および解説は, 表記などごく一部を訂正した他, ほぼ発表されたときのままです。

　なお, 解説文のなかで予告されている《熱と分子運動》の授業書は, 1995年に行われた「サイエンスシアター〈熱をさぐる〉」を経て, 2005年に「授業書〈蒸発と分子運動〉」「授業書〈温度と分子運動〉〈分子運動と寒剤のなぞ〉」として『たのしい授業』（2005年10月号, 11月号, 仮説社）に発表されています。大黒学級の子どもたちが前年度に学習した《温度と分子運動》は, 犬塚清和氏が編集した要約版です。

　なお,「サイエンスシアター」については, 板倉聖宣氏によるシナリオ（原子分子編／熱をさぐる編／力と運動編／電磁波をさぐる編／電気編／音と波編）によって上演の後, そのシナリオが各編4冊の「サイエンスシアターシリーズ」として仮説社から刊行されています。（「電気編」「音と波編」は未刊）

はじめに

授業書《熱はどこにたくわえられるか》の第一次案がまとまりましたので, おとどけします。ずいぶんかわった表題ですが, これを一つの柱

にして今後〈熱と分子運動〉といった授業書ができることになりますので御検討ください。

　私はこのような授業書を作る構想をかなり以前からもっていました。しかし,「熱の実験」というと誤差が大きくなりそうで,なかなか手が出せないでいたのです。ところが,仮説会館での授業書開発講座の席で参加者の皆さんと一緒に「荒っぽい実験」をしてみて,それでも十分はっきりした結果がでることに気をよくして,かなり急速に授業書化にこぎつけた次第です。

　熱をこの授業書のような形で教えるということは,これまでほとんど考えられたことがなかったと思います。だから,学校の理科の先生でも必ずしも予想が当らず,「それだけに新鮮な気分で授業書の内容を検討していただけるのではないか」と,たのしみにしています。

　授業書の解説は授業書本文のあとにつけることにします。解説を先に読むと問題の答──「実験の結果」がわかってしまって,おもしろくなる可能性があるからです。「どうしてこんな授業書を作ったのか」ということについても授業書のあとの解説に書いてありますので,授業書本文を読んだあとにお読みください。

　この授業書は一応「中学生以上で利用すること」を念頭において作りましたが,小学校高学年でも用いることができるかも知れません。そのことも御検討ください。(＊印の小字は解説です)

授業書
熱はどこにたくわえられるか

　水に熱した石などをいれると,水の温度があがります。水の中に野菜や肉などを入れておいて,その中に熱した石をどんどん入れると,水は

沸とうし，野菜や肉を料理することができます。こういう料理法は今ものこっていて，「石蒸し料理」といわれています。

実　験

100℃で沸とうしている水（湯）の中に石や金属を入れると，その石や金属の温度も100℃になります。そうやって100℃に熱した銅100gを，温度（　　）℃の水100gの中に入れたら，その温度は何度くらいになるか，やってみましょう。

実験のやり方

100gの銅がなかったら，そのかわりに十円銅貨22枚（99g）を使ってもかまいません。アミに十円玉をたくさん入れておいて，100℃に沸とうしている水の中に1～2分入れておけばいいのです。

水は紙コップかプラスチックのコップに入れておきましょう。熱した銅は，水だけでなくコップもあたためることになるので，コップは軽いほうがいいのです。何℃くらいあがるか予想をたてておいて実験してみましょう。

予　想

ア．0～10℃

イ．10～30℃

ウ．30～50℃

エ．50℃以上

実験の結果

水の温度が，はじめ（　　）℃だったのが，（　　）℃だけあがって，（　　）℃となった。

＊この実験には，いろいろ誤差が伴います。①熱がにげる，② 100℃の水

の一部が銅に付着してコップにはいる，③熱がコップを熱する（重さ5gの紙コップは水1.5g分），などです。それらのことがないとすると，計算値で，10℃の水は7.4℃上昇し，20℃の水なら6.6℃上昇します。

重さが同じなら，たくわえられる熱量もおなじか？

〔問題1〕
　こんどは，重さ100gのアルミニウムを100℃に熱して，温度（　　）℃の水の中に入れることにします。
　銅100gのときとくらべて，水の温度はどのくらいあがると思いますか。一円玉1枚の重さはちょうど1gなので，100gのアルミニウムといえば，一円玉100枚ということです。

予　想
ア．銅のときと同じくらい。（ちがっても1℃以内）
イ．銅のときより温度があがる。（少なくとも1℃以上高い）
ウ．銅のときほど温度はあがらない。（少なくとも1℃以上低い）
　みんなの予想を出しあって，討論してから実験してみましょう。

実　験
はじめに一円玉100枚をアミの入れ物に入れて，沸とうしている湯の中にしばらく入れておきます。それから，その一円玉100枚を水の中に入れて少しかきまわし，水の温度が何度あがるかしらべてみましょう。

実験の結果
　十円銅貨のときは100℃ 100g（99g）で（　　）℃くらいしか温度があ

がりませんでしたが，アルミニウムのときは100℃ 100gで（　　）℃近くも温度があがります。

同じ100℃ 100gでも，アルミニウムの方が銅よりもずっとたくさんの熱をたくわえているわけです。「温度と重さが同じなら，同じくらいの熱をたくわえる」というわけではないのです。

＊計算値だと，アルミの場合，はじめの水が10℃なら15.6℃上昇し，はじめの水が20℃なら13.9℃上昇します。

－ 3 －

体積が同じなら，たくわえられる熱量も同じか？

もっとも，銅とアルミニウムとでは同じ100gといっても，体積がずいぶんちがいます。銅は約11cm³しかないのに，アルミニウムはその3倍の33cm³もあるのです。

そこで，ある人（Xさん）は「アルミニウムと銅の体積を同じにしたら，そこにたくわえられる熱量も同じになって，水の温度は同じくらいあがるだろう」と予想しました。

〔問題2〕
　十円銅貨22枚の体積は11cm³です。11cm³のアルミニウムというと，「一円玉30枚分」ということになります。

　そこで今度は体積11cm³のアルミニウム（一円玉30枚）を沸とうしている湯の中につけて100℃にしてから，温度（　　）℃の水100gの中に入れることにします。

　このように体積を同じにしたら，水の温度は銅のときとほぼ同じくらいにあがると思いますか。

予 想
ア．水の温度は，銅のときとほぼ同じだけあがる。(ちがっても1℃以内)
イ．水の温度は，銅のときよりあがる。(1℃以上高い)
ウ．水の温度は，銅のときよりもあがらない。(1℃以上低い)

　さて，どう思いますか。みんなの予想を出しあって，討論してから実験してみましょう。

実 験
銅11cm³（十円玉22枚）の実験も，やりなおしてみるとよいでしょう。

銅　　　　11cm³　　　水の温度（　　）℃　→（　　）℃
アルミ　　11cm³　　　水の温度（　　）℃　→（　　）℃

原子の数を同じにしたら？

　アルミニウムの体積を銅の体積と同じにすると，今度はアルミニウムを入れたときの方が温度があがらず，銅のときより1.5〜2℃くらい低くなります。つまりアルミニウムと銅とでは，重さや体積を同じにしても，同じ100℃にしたときに含まれる熱量はちがうわけです。

　アルミニウムと銅とでは，性質がとてもちがいます。ですから熱的な性質も「全くちがうのはあたりまえ」なのかもしれません。

　ところが，ある人（Yさん）はこう考えました。「〈熱というのは，もののもとになっている原子や分子がはげしく運動しているためにおきるものだ〉ときいたことがある。だとすると，銅とアルミニウムの原子の数を同じくらいにしたら，そこに含まれる熱の量も同じになるかもしれない」というのです。

これまでの実験では，銅とアルミの重さや体積を同じにして，それを100℃に熱したときの熱量をくらべてみました。こんどはYさんの考えのように，原子の数を同じにしてその熱量をくらべたらどうでしょう。

　原子は目に見えないので，その数を簡単にかぞえることはできません。しかし現代の科学者たちは「100gの銅に含まれている銅原子の数は全部で約1.6モル個」というように，〈原子の数〉についてもとてもくわしくしらべています。

　「1.6モル個」というときの「モル個」というのは，「億個」とか「兆個」というときと同じような，個数の単位です。

　1億個といえば
　　1,$\overset{億}{0000}$,$\overset{万}{0000}$個 = 10^8個 ということで，

　1兆個といえば
　　1,0000,0000,0000個 = 10^{12}個 ということです。ところが，

　1モル個というのは
　　6000,0000,$\overset{京}{0000}$,$\overset{兆}{0000}$,$\overset{億}{0000}$,$\overset{万}{0000}$個 = 10^{23}個 ということです。

0が23個もつづくのですから，ふつうの数の単位ではよべません（無理によむと，6000垓個となる）。そこで，6×10^{23}個のことを「1モル個」というのです。

　＊1モル個というのは1億とか1京などとちがって，6×10^{23}個などと，少しはんぱな数になっています。これは，もともと「水素2gに含まれている水素分子（H2）の数」を「1モル個」とよぶことにしたからです。じっさいにその数をくわしくしらべたら，6.02×10^{23}個あったので，6.02×10^{23}個を1モルとよぶことが多くなっています。「モル（mol）」というのは，英語のmolecule（分子）という言葉を略して作ったものです。

〔問題3〕
　科学者の研究によると，銅100gに含まれる銅原子の数は，「約1.6モ

ル個」です。アルミニウムの場合は，1.6モル個の原子というと，42gになります。

　　銅　　　　　　100g ── 11cm³ ── 1.6モル個
　　アルミニウム　　42g ──15.5cm³── 1.6モル個

　アルミニウム1.6モル個（42g）を100℃にして，（　　）℃の水100gに入れたら，水の温度は銅100g（1.6モル個）のときとちょうど同じくらいあがると思いますか。

予　想
ア．水の温度は銅のときとほぼ同じだけあがる。（ちがっても1℃以内）
イ．そううまくいかない。（1℃以上のちがいがある）

討　論
みんなの考えを出しあってから実験してみましょう。

－6－

たくわえる熱量は「原子の数」できまるか

　アルミニウムのときは，銅100gに含まれる原子の個数と原子の数をそろえたら，同じ100℃に熱したときに含まれる熱の量が「ほぼ同じ」になりました。しかし，これは偶然かも知れません。そこで今度はアルミニウムとは性質のうんとちがう金属，鉛で実験してみることにしたらどうでしょう。
　アルミニウムは軽い金属として有名で，「1cm³あたり2.7g」しかありません。ところが，鉛は重い金属として有名で，「1cm³あたり11.3g」もの重さがあるのです（銅は1cm³あたり8.9g，鉄は1cm³あたり7.9gです）。そして，鉛の原子1.6モル個の重さは326gもあります。銅の場合の3倍以上，

アルミニウムとくらべると８倍近い重さがあるのです。
　釣りに使う鉛のおもり（７号）は１個が26.25gです。ですから，「４個で105gとなり，十円銅貨22枚（99g）とほぼ同じ重さ」になります。（６％超過）。また，５個ではその体積が11.6cm³となって，「十円銅貨22枚（11cm³）とほぼ同じ体積」になります（3.3％超過）。また12個では315gとなってほぼ1.6モル個になります（3.4％不足）。

〔問題４〕
　こんどは鉛のおもりを100℃に熱して，温度（　　）℃の水100gの中に入れることにします。
　十円銅貨22枚（11cm³，1.6モル個）を100℃にして入れたときと同じくらい水の温度をあげるには，鉛のおもりを何個ほど入れたらよいと思いますか。

予　想
ア．４個（銅と同じ重さ）。
イ．５個（銅と同じ体積）。
ウ．12個（銅と同じ原子数）。
エ．どれもだめ。

討　論
　あなたはどう思いますか。みんなの考えを出しあってから実験してみましょう。
　「重さ26.25gのおもりを４個入れる実験」からやっていけばよいでしょう。

熱は原子や分子の振動のエネルギー

　鉛の場合も銅の場合もアルミニウムの場合も，原子の数を同じにすれば，「同じ温度に熱したときにたくわえられる熱量」はほとんど同じになります。熱というのは「原子の振動のエネルギー」なのです。だから原子1個1個の重さはちがっていても，原子の個数が変わらなければ，たくわえる熱量もほぼ同じになるのです。

　こういうことは，アルミニウムとか銅，鉛の場合だけでなく，ほとんどすべての固体の場合になりたちます。「2種以上の原子が結合してできた化合物」の固体の場合にもなりたつのです。これからみても，「熱というのは原子（や分子）の運動のエネルギーだ」といっていいことがわかります。

　もっとも，原子はただの球体ではなくて，少し複雑な構造をしています。そこでとくにいくつかの軽い原子，たとえば炭素原子や水素原子，酸素原子を含む化合物の場合はかなりくいちがいます。また，「うんと低い温度」になると原子の運動の仕方がふつうの温度のときとは変わってくるので，熱の法則もちがってきます。しかし，ふつうの温度では「すべての固体の熱のたくわえ方は原子の個数だけでほとんどきまる」と考えてさしつかえがないのです。　　　　　　　　　　　　　　　　（おしまい）

この授業書のねらいと実験上の注意事項

　私がこのような授業書を作ることを思いついたのは，もとはといえば1300〜1400年代，つまりガリレオ以前の中世の自然学者たちの比熱の研究史のことが気になっていたからです。その時代の自然学者たちはまさにこの授業書の実験「熱はどこに蓄えられるか，それは重さの中にか，

それとも体積の中にか」ということを問題にして，「わけがわからなくなってしまった」ということがとても興味深く思えて，「これこそ熱の本質にせまる実験としてもっとも有効なものではないか」と思ったのです。

　もっとも，ふつうの科学史・物理学史・熱学史の本にはそういう歴史のことは全くといってよいほど書いてありません。まるで「ガリレオ以前の科学史になんか見るべきものはあり得ない」といわんばかりに，その辺のことはなにも書いてないのです。しかし，中世の学者たちは単なるバカであったわけではありません。彼らは彼らなりに模索していたのです。熱の場合にも彼らは，熱の本性と関連した哲学的な問題を提起していたのです。ただその問いはその時代には解くすべがなかったので，未解決のままにのこされ，「やがて忘れさられてしまった」というわけです。

　私はその歴史を湯川秀樹・田村松平共著の『物理学通論』上中下３冊（大明堂）という本の中の「歴史的展望」とかという解説を読んで知ったにすぎません。田村松平さんという人は私と一脈相通ずる関心をもっていた物理学史家で，中世の自然学史にも深い関心をもってその解説を書いてくれていたのです。私の授業書作りの発想の源の多くが，科学史研究の中にあることはすでに何度も書いた通りですが，ふつうの科学史の本に出てくるような話をもとにしたのでは新しい授業書の発想はできません。科学の歴史をこれまでとはちがう発想でもって見直してはじめて，科学史も新しく書き直され，それにもとづいて新しい授業書作りの発想も生まれてくるというわけです。

　1300〜1400年代の自然学者たちの問題はその後ずっと解決されず，1700年代に熱の研究がさかんになると，〈比熱〉とか〈熱容量〉という数量的な概念ができて，それですまされるような形になります。しかし，ドールトン（J.Dalton，1766〜1844）が〈近代的な原子論の体系化〉に成功すると間もなく，1819年にはフランスの科学者デュロン（P.L.Dulong，1785〜1838）とプティ（A.T.Petit，1791〜1820）によって，「熱は他な

らぬ原子の中にたくわえられるのだ」ということが明らかにされることになるのです。1831年にはドイツの物理学者エルンスト・ノイマン（F. E. Neumann, 1798～1895）がそれを化合物にも拡大します。この授業書は〈そのながいながい期間にわたる疑問とそれへの解決〉という感動的な発見物語を授業書化する形をとっているのです。

　物理学史の本や物理学の教科書にはこの「デュロン・プティの法則」や「ノイマン（とコップ）の法則」のことはでてきます。しかし，その話は感動的な発見としては描かれていないように思われてなりません。「つけたし的にしか書かれていない」のです。それは，「この法則の発見は1300～1400年代からの長い疑問に解決を与えるものであった」ということに気づいていないためといってよいでしょう。この授業書はこの法則の重大な意味を改めて掘りおこして，科学教育の中心にすえようというねらいをもっているのです。

　ところで，私が上のような着想をもったのはかれこれ20年以上も前〔1960年代〕のことです。授業書はそのような着想があったからといっておいそれとできるものではありません。教室で感動的な実験が簡単にできるようにならなければ，その授業は感動的なものになり得ないわけです。

　ところが，熱の実験というと私はどうも自信がありません。一度熱したものでも，その熱はまわりにどんどん逃げていきますし，魔法瓶のようなものを使っても熱の一部はその魔法瓶そのものを熱するのに使われてしまいます。ですから，昔から物理の問題の熱のところには，必ず「熱は逃げないものとする」という条件が付記されてありました。「実際には熱は必ず大なり小なり逃げてしまうので計算通りになりっこない」という配慮が加わっていたのです。

　これではおいそれと実験できません。銅だとかアルミニウムだとか鉛だとかの実験材料を一定量だけ用意するのも大変です。一度は，どこかの教材屋さんにでもたのんで実験材料を特注することも考えてみたので

すが，そんな特別な実験材料を用意するのはあまりにもわざとらしくて，感動的なものにはなりにくいと心配でした。できればごく簡単な道具だてでやりたいのです。結果がはっきり出ればその方が感動的になるからです。

　そこで，「失敗してもともと」ということで用意したのが十円玉22枚と一円玉100枚，それと8個90円の鉛のおもり12個（つまり135円），それと重さ5gの紙コップと温度計1本（300円）。あとは郵便用の台ばかりです。はじめは〈26.25gの鉛の重さ〉を約50gと読みちがえたり，〈熱容量が紙コップよりもずっと大きいガラスのコップ〉を使って実験したりしましたが，それでも実験の結果は明瞭でした。そこで自信をもっていろいろな計算もし，誤差を少なくする方法を考え，〔問題〕の提出の仕方やお話の書き方を工夫して授業書の第一案を完成させることができたというわけです。

　授業書ができあがってみて改めて考え直してみると，熱の実験だからといって，「熱が逃げる」の，「容器の熱容量がどうの」と，そんなことをあまり気にする必要はなかったのです。この授業書の実験のように100℃に沸とうしている水を用い，水の温度を6〜7℃高める実験をするのなら，熱の逃げることは問題にならないのです。それにこの実験のように同じ実験道具を用いて比較実験することにすれば，容器の熱容量のことは全く考慮しなくてすむわけです。

　私は実験に十円玉と一円玉を使うことにしましたが，十円玉は95％が銅で，あとは亜鉛と錫です。しかも十円玉1個の重さは4.5gですから，ちょうど100gにすることはできません。また22枚もの十円玉を100℃の湯から水の中に移そうとするとコインに付着して移る湯のことも問題になります。しかし，そういうことを承知の上で手軽に実験したところで，その誤差の大きさは全部で数％にすぎないのです。熱の実験だからといって，誤差のことをあまり心配する必要はなかったわけです。

　考えてみると，《力と運動》の実験もそうでした。授業書《力と運動》

を作る前，私は「落下実験には空気抵抗による誤差がつきものだから，明快な実験などほとんどできないだろう」と考えていました。他の人々もそう考えて，動力学教材ではほとんど実験をしてこなかったのですが，実際に実験してみたらピンポン玉でさえ「1mぐらいからの落下速度では空気抵抗の影響はない」と考えてもいいほどだったのです。熱の場合も同じです。これからは熱の実験でもかなり気軽に定量的な実験ができるようになるでしょう。《熱と分子運動》の授業書にはたのしい実験がたくさんもりこめそうだと，うれしくなりました。

実験についての注意

① 温度計は同一のものを使うこと。何本もの温度計を使うと，その示度のちがいがいちばんの誤差になる可能性があります。

② 水を沸とうさせるには，ガスコンロになべをかけて沸とうさせるのがいい。ガスバーナーにビーカーではなかなか沸とうしない。

　1気圧で水が沸とうしているときの温度は100℃です。これは「定義によって」そうなっているのです。温度計をいれて沸とう点が本当に100℃かどうかなど，子どもの前で測らないこと。ふつうのアルコール温度計（中身は灯油）は100℃～105℃まで目もりがついていても，100℃近い温度をはかるには不適当なのです（これについては，板倉聖宣『科学的とはどういうことか』仮説社，参照のこと）。

③ 沸とうしている湯の中にコインを入れるときは，コインをプラスチック製の網の中に入れて熱するとよい。プラスチックの網は100℃にしてもとけません。コインはなべの底につけずに，上から湯の中に吊るすとよい。1～2分いれれば中まで100℃となると思います。

④ 水の容器には紙コップやプラスチックのコップを使うとよい。私の使った紙コップは約5gで，その熱容量は水1.5～2g分にしか当らない。

⑤ 100℃に熱したコインや鉛のおもりを紙コップの中に移すときは，湯のしずくを多量に移さないように注意する。しかし，付着している水分

をむりにとろうとすると熱がにげるおそれがある。付着している水はいくら多くても1㎤（1g）にはのぼらないから，誤差はそう心配する必要はない。

⑥　100℃に熱したコインや鉛のおもりを水に入れると水の温度はどんどんあがる。温度計で少しかきまぜながら何度ぐらいまで温度があがるかを見ればよい。温度計の熱容量も問題になるので，温度計も同じ条件で使うこと。

⑦　はじめの水の温度によって上昇する水の温度もかなり変わるので，銅とアルミと鉛の場合で条件がちがわないように注意する。前の日と水温がちがうなら，実験をやりなおして比較対照するほうがよい。

⑧　生徒実験をさせてもよいが，はじめ一度は教師実験をして見せた方がよいだろう。

⑨　この授業書は主として中学生以上を対象としているが，小学校高学年でも使えるかも知れない。　　　　　　　　　　　　　（1983．7．1）

　解説の訂正・追加

　熱の授業書の本文と解説の原稿を犬塚清和さんに手渡して数時間後，念のために，湯川秀樹・田村松平共著『物理学通論（上巻）』大明堂，1955年初版（1967年6刷）をひっぱり出して，その「第2編　熱の力学」の「歴史的序論」のところ（「〜展望」ではありませんでした）を読み直してみました。そして，前に渡した原稿は大きな記憶ちがいをもとにして書いたことに気付いてあわてています。そこでとりいそぎ訂正をしておきたいと思ってペンをとりました。

　「〈熱は物体のどこに蓄えられるか〉それは〈重さ〉か〈体積〉かという問題は，1300〜1400年代のスコラ哲学者——自然学者たちの間ですでに問題となっていた」と書きましたが，それは記憶ちがいだったのです。たしかに，田村松平さんの文章には1400年代のミラノの哲学者ジョバンニ・マルリアーニ（？〜1483）の熱量理論が紹介してあって，私はそれ

に注目して「いつかその中世の熱量理論の系譜をしらべてみたい」と思っていたのです。しかし「熱は物体の重さの中に蓄えられるのか，体積の中に蓄えられるのか」といった問題は1400年代の熱理論の中で浮かびあがってきたことでなくて，1700年代になってはじめて表面化してきたことだったのです。私は，中世熱学史の研究に関心をもつと同時に，この「熱は物体の重さと体積のどちらに蓄えられるか」という1700年代前半の議論にも関心をもったので，二つの関心事項をいつの間にか結びつけておぼえこんでしまったらしいのです。

　正しい歴史的事実はこういうことです。
　問題の提起者は，オランダの医学者のヘルマン・ブールハーフェ（1668～1738）という人です。この人はいまではあまり有名ではありませんが，1700年代前半の全ヨーロッパの科学界を指導した視野の広い科学者でした。そこでこの人は，温度計の華氏目盛りにその名をのこすファーレンハイト（1686～1736）にたのんで，湯と水を混ぜたときや，熱した水銀と水とを混ぜたときの温度の変化について実験してもらったのです。ブールハーフェは，はじめ「重さの大きいものほど多くの熱を蓄える」と予想していて，「同じ体積の水と水銀を同じ温度に熱して，一定の水とまぜたら，水銀の方がずっと水の温度を上昇させるにちがいない」と思っていたようです。ところが，実験の結果は「同じ温度に熱した湯と水銀とで水の温度を同じだけ上昇させるには，水銀の方が湯より，体積にして1.5倍，重さにして20倍も必要だ」ということが明らかにされてしまったのです。それでブールハーフェは，「重さの大きいものほど多くの熱を蓄える」という考えをとりさげ，「熱はものの重さよりもむしろそのものの体積に配分される」という考えをとるようになったというのです。ブールハーフェの著書『化学の基礎』（1732年刊）に発表された見解です。
　オランダの世界的な物理学者ピーター・フォン・ミュッセンブルーク

（1692～1766）もブールハーフェの考えを支持し，「金でも空気でも羽毛でも，同じ体積の中には同じだけの熱が蓄えられているにちがいない」と書いているということです。

　しかし，ファーレンハイトの実験の結果を忠実に理解すると，「水銀は同じ温度・同じ体積の水より少しの熱しか蓄えていない」ということになります。イギリスのジョセフ・ブラック（1728～1799）はそのことに疑問をもち，結局，「物質に含まれる熱の量は，その重さや体積によってきまるのではなく，その物質物質によって異なるので，いちいち実験的に測定してしらべるより他ない」ということを明らかにして「比熱」という概念を確立するのです。しかし，その後はじめていろいろな物質の比熱をくわしく測定したフランスのデューロンとプティとが，単体の比熱の値とドールトンの原子論の原子量と結びつけて，「原子熱」の法則を発見することになるわけです。

　私はこの歴史を1300～1400年代から1800年代前半にわたるものとまちがって記憶して，心の中にしまっておいて，それを思い起こしながらこの授業書を作りあげたというわけです。しかし，この授業書を作る上では，この誤解はマイナスだったというよりむしろプラスにきいていたといった方がよいでしょう。「私たちの頭の中で一度記憶したことが単純化されると，それがかえってある一つの想いをはたす原動力ともなりうる」のです。この記憶ちがいは，そんなことを教えてくれるようにも思えるので，先の解説はとりあえずそのままにして，そのあとにこの訂正文をのせることにしたわけです。　　　　　　　　　　　（1988. 7. 5）

　追記

　この授業書と解説は，今から30年ほど前に発表したものです。しかし，今回これを読み直してみて，まったく古さを感じないばかりでなく，「私の科学史研究の勝利の証」のように読むことが出来ました。田村松平さんの研究を含めて，「着実な科学史の研究は，明らかに役立つ」ということを証明しているからです。　　　　　　　　　　（2015. 6.30）

熱の正体がわかった！

小学5年生と《熱はどこにたくわえられるか》の授業

大黒美和

《温度と分子運動》をやった子どもたちと

「《温度と分子運動》をやった子どもたちとやってみませんか」と犬塚清和さん（ルネサンス高校）からこの授業書がメールで送られてきたのは，新学期が始まろうとする4月の初めでした。（《温度と分子運動》は，『たのしい授業』05年11月，No.301，に掲載）

この《熱はどこにたくわえられるか》は，以前，犬塚さんの吉良高校での授業を見たことがありました。わたしはそのときの授業記録1時間分を書いていたのです。みかんの赤いネットに十円玉を入れて，そのかたまりをテグスでつるしてゆでている犬塚さんが妙におかしくて，高校生との明るい教室の雰囲気をよく覚えています。「あのときの授業だ！」と，すぐに思い出しました。

さっそくプリントアウトして見てみました。問題は4つ。お話を含めて10ページという短さ。実験は簡単だし，お鍋でコインのかたまりを煮るなんて，なんだかとても楽しそうです。「これならすぐできそう」と思って，授業書のあとについていた「授業書のねらい」を読みました。わたしが気に入ったのは，次のような板倉聖宣さんの文章です。
「教室での感動的な実験が簡単にできるようにならなければ，その授業は感動的なものになり得ないわけです。ところが，熱の実験というと私

はどうも自信がありません（中略）。一度は教材屋さんに実験材料を特注することも考えましたが，そんな特別な実験材料を用意するのはあまりにもわざとらしくて，感動的なものにはなりにくいと心配でした。できるだけごく簡単な道具立てでやりたいのです。結果がはっきり出ればその方が感動的になるからです」。

　ここまで読んだときに，わたしは「《力と運動》と同じだ」と思いました。できるだけ簡単な実験で感動的な問題……。《力と運動》のビー玉を落とす実験が，まさにそれです。すると，その後にちゃんと《力と運動》のことが書いてありました。最後に板倉さんは，「《熱と分子運動》の授業書にはたのしい実験がたくさん盛り込めそうだとたのしくなります」と書いてありました。

　この「授業書のねらい」を読むと，板倉さんがわくわくしながらこの授業書を作っていった様子が想像できて，わたしもうれしくなってきました。犬塚さんの楽しかった授業のイメージもあって，今，うけもっている5年生（4年生のときに《温度と分子運動》をやって，持ち上がりの子どもたち）とのスタートの授業書にはぴったりだと思いました。

　犬塚さんに「やりたいです」と連絡すると，犬塚さんは「見本に」と言って小さな箱に入った実験道具をすぐ送ってくれました。鉛や銅の金属の絵カード，プラコップ，石，赤いミカンネットに入った十円玉と鉛が数種類はいっていました。思い出しました。赤いミカンネットに入った十円玉。これです。ぶらさげるだけで何だか楽しくなってきます。「これを見たら子どもたちも喜ぶぞ～」と授業が楽しみになってきました。

石蒸し料理って？

　1ページ目の最初には「水の中に熱した石を入れると水の温度が上がります」と書いてありました。「水の中に野菜や肉を入れておいて，その中に熱した石をどんどん入れると，水は沸とうし，野菜や肉を料理することができます」と書いてあって，それが「石蒸し料理」です。初め

て知りました。石を焼いて水の中に入れただけで水の温度が上がるなんて，ホントかなあ。しかも，それで料理ができるなんて信じられませんでした。犬塚さんは「川原でたき火をして，熱した石で冷泉を湧かして風呂に入ってたのをテレビで見たことがあるよ。授業を始める前にちょっと石蒸し料理のことを調べておいたら楽しいかもね」と言っていました。石を焼いてお風呂まで沸かせるなんて，ますますびっくりしました。

　さっそくインターネットで「石蒸し料理」を検索しました。すると，そのほとんどはバナナの葉に食材を包んで穴を掘って，その上に焼いた石をのせて長時間蒸すというものでした。授業書にある水の中に石を入れて沸とうさせる料理は出てきませんでした。石で水を沸とうさせて何か作れてそれを子どもたちと食べられたら最高のスタートなんだけどなあ……どうやればいいのかなあ……と困ってしまいました。

　とりあえず石を用意することにしました。犬塚さんが見本の石を3，4個送ってくれていましたが，それだけでは石蒸し料理には足りそうにありません。そんなとき，幡多郡の松田勤さんに頼んでいた《力と運動》の実験道具を受け取りに行ったのですが，その実験道具の中に，勤さんが家の前からひろってきた海の石がありました。コロッとした小さなまるい石でした。そうだ！　目の前は海。石なんてゴロゴロあります。さっそく海に行って石を探しました。海岸で打ち寄せられて角がとれた丸い石がたくさんありました。白っぽかったり，赤っぽかったり，置物にもなるようなかわいい石など大小様々。石はまるみがあって，割れ目やキズのないものをえらびました。「石蒸し料理をしたあとに，この石を子どもたちにプレゼントしたら喜ぶぞ～♪」とわたしは夢中になって拾い集めました。もう気分はウッキウキです♪

海でひろった
コロコロ石

ホントに水が沸いた！

　次の日は日曜日でしたが，学校の家庭科室で石を洗って焼いてみました。ガスコンロに網を置いて，その上におとなのこぶし大の石を置いて焼きました。どのくらい焼けばいいのか分からないけど，バーベキュー用のトングでたまに裏がえしながら焼いている自分がなんだかおかしくて，とっても楽しくなってきました。石なんて焼いたことがないので，途中ではじけたらどうしよう……とスリルもあります。しばらく焼いていましたが，石は色も何も変化しないので，どのくらい熱くなっているか分かりません。《温度と分子運動》のときに使った非接触温度計があったら温度が分かるのになあ……と思いながら焼いていました。もういくらなんでもいいだろうと思って，どんぶりにその石を入れました。途端にジュワ〜！　と水蒸気がモワッと起きて，どんぶりの底では石がゴトゴト生きているみたいに動いていました。もうびっくりしました。しかも，水はあっという間に沸とうしてどんぶりも持てないくらい熱くなっています。キャア〜！　何これ！　面白い〜！！　と，わたしは興奮していました。こんなのを見たら絶対子どもたちも喜ぶはず。ますます楽しみになりました。

　今度はもっとたくさんの石を焼いて，大きめのおなべに水と冷凍の枝豆を入れ，そこに焼けた石をどんどん入れていきました。石を入れる度にジュワ〜！　ジュワ〜！　と音がして，すぐにおなべの水は熱湯になりました。こんなにたくさんの水がこんなにすぐに熱湯になるなんて。すごい！　枝豆は熱々にゆであがっていました。熱くて美味しい枝豆を食べながら「こんな楽しくて美味しい授業の始まりはないなあ♪」とますます授業が楽しみになってきました。明日から始めよう！

始まりは楽しい石蒸し料理　1回目，2015.4.13.（月）

　子どもたちは，一年間，毎日，仮説実験授業をやってきて科学がすごく好きになっています。「次は何？！」と5年生（17人）での科学をとても楽しみにしてくれていました。

大黒：今日から科学を始めます。どんな勉強かというと……。
──黒板に「熱はどこにたくわえられるか」と書いていきます。
子どもたち：熱？
　　　　　　どこ……？
　　　　　　どこにたくわえられる？
大黒：「熱はどこにたくわえられるか」……〈熱〉ってどこにたくわえられると思う？
優希くん：ガスコンロ！
子どもたち：ハハハ！
大黒：ハハハ……。ガスコンロからは火が出てくるけど……。
秀人くん：太陽！
大黒：おおっ！　太陽はすごい温度だったよね。
だれか：宇宙！
だれか：この熱は……（おでこを押さえる）体だし……。
大黒：〈たくわえられる〉って分かる？
だれか：あるってこと？
だれか：たまる？
大黒：そうだね。これから「熱はどこにたくわえられるんだろう……」そういう勉強をしていくね。それじゃあ，プリントを配ります。

> 水に熱した石などを入れると，水の温度が上がります。

〔注：授業書の全文は7〜15ぺに掲載してあります。ワク組みの中は授業書の要約です。〕

大黒：石……，石だよ（笑）。

子どもたち：フフフ……。

―― 子どもたちに石を見せて回ります。子どもたちは「そんなの見たら分かる……」というふうに笑っています。

大黒：今からこの石を焼きます。

優希くん：えっ?! 石を焼くの？

子どもたち：焼くの？

　ええ〜！！

大黒：そうだよ。石を焼くの。焼いたことない？

秀人くん：普通，焼かんろ〜（笑）。

大黒：そうだよね〜，先生も初めて（笑）。しかも，焼いた石を水に入れると水の温度が上がるんだよ。お湯になるんだって。

子どもたち：ええ〜！

大黒：先生もやったことないし。信じられなかったんだけどね。すごいよね。ホントかな〜（笑）。でも，石を焼くといえば〈石焼きビビンバ〉ってあるよね。

佑汰くん：おれ，それ好き！

大黒：先生も好きなんだけど，焼肉屋さんで石焼きビビンバを頼むと石の入れ物にビビンバが入ってて，石に押しつけるとジュ〜！ってご飯がおこげになるくらい熱いよね。あれ，石を焼いてるんだよ。

だれか：そうか！

だれか：おれ，それ好き！

―― こぶしくらいの大きさの石を実験用のカセットコンロで焼いてみました。子どもたちは興味津々です。みんなで囲んで石が焼けるのを見ています。時々わたしがバーベキュー用のトングで石をひっくり返すと「フフフ……」「焼肉みたい……」と笑い声が起きます。しばらく焼きました。「ほんとに水が熱くなるのかなあ……」とワイワイ言いながら見

ている子どもたちは楽しそう。今日も石に特に変化はありませんが，もういいだろうということでどんぶりに石を入れます。

大黒：じゃあ，水に入れるよ。どのくらい水の温度があがるかなあ〜。

——　子どもたちは「ええ〜！」と入れる前から喜んでいます。石を入れる前にどれくらいの冷たさか水に手を入れてもらいました。水の温度は19℃です。

　　ジュワ〜！（一気に水蒸気があがりました）

子どもたち：うわ〜！　やばい〜！　すご〜い！

——　石はどんぶりの中でゴトゴト動いています。みんなのぞき込んでびっくりするやら，喜ぶやら。

だれか：すげえ！　動いてる〜。生きてるみたい〜。

子どもたち：ハハハ！

——　見るからに水の温度が上がっている感じです。どんぶりの周りは持てないくらい熱くなっています。

大黒：じゃあ，温度計で測ってみるね。

——　温度計を入れると，温度はどんどん上がっていきます。

子どもたち：すごい……。

——　温度は59℃。あっという間に熱湯です。子どもたちはびっくりしていました。

大黒：もうどんぶりを持てないくらい熱くなってるんだけど，お風呂だったらこんなお風呂は入れないよね。手を入れてみる？

子どもたち：やりた〜い！

——　子どもたちは並んでこわごわ，ちょびっと手を入れてみたり，どんぶりをさわっています。

子どもたち：ほんとに熱〜い♪

　　あっち！

　　ハハハハ！

大黒：ねっ♪　ほんとに温度が上がったね。先生も知らなくてすごくび

っくりしたんだけど，すごいね〜♪　みんな，知ってた？
だれか：ほんとに，あっという間にお湯になった！
だれか：石一個で！
　すごい……。
大黒：でも，水の温度が上がるだけじゃないんだよ。

> 　水の中に野菜や肉などを入れておいて，その中に熱した石をどんどん入れると，水は沸とうし，野菜や肉を料理することができます。こういう料理法は今も残っていて「石蒸し料理」といわれています。

だれか：石蒸し料理？
大黒：そう。焼いた石を水の中に入れると料理ができるんだって。そのお料理をやってみようと思います。家庭科室に行くよ♪
子どもたち：やった〜♪
──　ウキウキしながらみんなで家庭科室に移動します。今度は二つのコンロでたくさんの石を焼きます。さっきと同じように子どもたちがコンロを囲んで楽しそうに話しながら見ています。7分くらい焼いた後，大きなお鍋に水を入れて，そこに冷凍の枝豆を入れました。そこにいよいよ焼いた石を投入です。
大黒：じゃあ，入れるよ！
──　一瞬，しんとなります。子どもたちの集中した眼がお鍋と石を見つめています。一番大きい石を入れました。
　ジュワ〜！
子どもたち：おお〜！
　すごい……。
──　モクモクした水蒸気と，泡がおどり上がってきます。どんどん石を入れていきます。
　ジュワ〜！　ジュワ〜！　ジュワ〜，ジュワ〜……
子どもたち：うわ〜！

―― 石を入れる度に音がします。その度に子どもたちから歓声があがります。どんどん入れていくと，すぐに熱湯になりました。
大黒：ほら，もう熱湯！　すご～い！！　石の熱量ってすごいね！　こんなにあっという間にお湯になったよ。
子どもたち：すごい！
―― 子どもたちは丸くなってみんなでワイワイ言いながらお鍋をのぞき込んでいます。温度を保つために，時間をおきながら石をいれていきます。お湯は熱いままです。
大黒：そろそろいいかな……。味見してみるね。
―― 子どもたちはみんな「どう？」というように注目しています。
大黒：う～ん，美味しい♪
子どもたち：やった～！　ほんとにできた！
大黒：では，石蒸し料理ができたところで，みんなで食べよっか♪
―― 子どもたちはみんなニッコリです。少しずつの枝豆でしたが，学校でみんなで食べるのは何でも美味しくて楽しい。しかも，こんなに面白いやり方でゆでた枝豆です。子どもたちはニコニコしながら美味しそうに食べています。
子どもたち：おいしい～♪　おいし～♪　最高！
だれか：オレも家でやってみよう♪
男の子たち：オレも！　オレも！
大黒：これで今日の授業はおしまい。石にたくわえられていた熱は水をお湯にしたり，枝豆もゆがきました。すごいね！
　「熱はどこにたくわえられるか」明日の実験も楽しみにしていてね！
子どもたち：はい♪

　子どもたちの感想
☆今年も科学ができるのがすごくうれしい！《熱はどこにたくわえられ

るか》という題名なので，熱がどこにたくわえられているのかを見つけるのが楽しそうです。石で料理ができるなんてすごいなあと思いました。（一花）

☆石蒸し料理は初めて知りました。フライパンで太陽だけで目玉焼きを作るのは知っていたけど，これは知りませんでした。知れてよかったです。次も楽しみです。（葉月）

☆熱した石を水に入れたら，水が58℃のお湯になりました。熱する時間を変えたら何度になるかを調べたいです。今日は5年生になって初めての科学でした。楽しかったです。（界斗）

☆石を焼いて水に入れたら，18℃から40℃も温度が上がってすごかったです。5年生の科学も楽しい！（咲良）

☆熱した石で水が58℃になるなんてすごい！（葵）

☆石蒸し料理は初めて知りました。石を熱しただけで，あとは火を使わないで料理ができます。それならガス代をあまり使わないのでいいと思います。またやってみたいです。（羽於斗）

　予想通りの楽しさでした。子どもたちは石を焼くこと，焼いた石で水の温度が上がることにすごくびっくりしながらとても楽しんでくれました。授業書の1ページ目はわずか5行の文章ですが，その短い文章の中には楽しさ，好奇心のもとがいっぱいです。

釣りみたいで楽しい！　　2回目，2015.4.14.（火）

　昨日は石を熱して水に入れると40℃近くも温度が上がりました。子どもたちもわたしもびっくりしました。そして，その熱量を利用して枝豆をゆでる「石蒸し料理」は楽しくておいしくて，最高に楽しいスター

トでした。

大黒：昨日は石を焼いて，水の中に入れたらすぐにお湯になったよね。最初の水の温度は何度だったっけ？

だれか：18℃！

大黒：そうそう。18℃の水が焼いた石を入れると……。

優希くん：58℃になった。

大黒：なんと！　40℃も水の温度が上がった！

神遊くん：すごい熱かった！

大黒：そうだったね。どんぶりも持てないくらいだった。石の熱量で水の温度を40℃上げたんだね。枝豆もゆがけるくらいの熱量があって，そうやって石の熱量で料理する料理のことを〈石蒸し料理〉と言いました。

　　　面白かったね〜♪

だれか：おいしかった♪

大黒：それでは今日は実験です。昨日は石を熱したけど，今日は金属を熱します。金属って知ってる？

だれか：鉄とか……。

大黒：そうそう。釘とか，この窓の枠とか，黒板も金属で出来ています。金属でできたものは身のまわりにたくさんある。

だれか：金！

大黒：そうそう。実は，これも金属で出来ているんだよ。これ何？

子どもたち：十円玉！　ハハハ！

大黒：そう。十円玉は金属で出来ています。何の金属か知ってる？

―― 子どもたちに十円玉を一枚ずつ配っていきます。

大黒：十円玉は〈十円銅貨〉って言われるの聞いたことない？　十円玉は銅で出来ています。新しい十円玉はこんな焦げ茶じゃなくて，もっときれいなオレンジ色っぽい色なんだけど……。

だれか：金！　銀！　銅！

大黒：そうそう，オリンピックのメダルにもなってるよね。銅のお鍋というのもあるんだよ。

真緒ちゃん：ああ，知ってる。

大黒：今日はこれで実験します。ジャ〜ン！

── 赤いミカンネットに入れた，テグスでつるした100gの十円玉のかたまりを見せます。

子どもたち：何それ！　ハハハ！

大黒：昔，凍らしたおミカンをこういうネットに入れて売っていたんだけど……，みんなは知らないよね（笑）。

真緒ちゃん：先生，ネットでお母さんがリンゴを作ってくれた。

大黒：そうそう。リンゴもできるね。この十円玉22枚で99g。約100gです。これが約100gの銅のかたまり（笑）。

── 十円玉のかたまりをひとりひとりに持ってもらいます。子どもたちは楽しそうにぶら下げて，隣の友だちに渡していきます。

秀人くん：すげ〜。

優希くん：釣りみたいや〜（笑）。

子どもたち：ハハハ！

── 子どもたちもわたしと同じように，つり下げた十円玉のかたまりにワクワクしているようです。教室は一気にワクワクしてきました。

大黒：この十円玉を100℃に沸とうしているお湯の中に入れるの。

子どもたち：ええ〜！

大黒：それで……，グツグツ煮るの（笑）！

子どもたち：ええ〜！

大黒：ハハハ♪

だれか：それも石蒸し料理？

大黒：違うよ〜（笑）。

子どもたち：ハハハ〜。

大黒：今日はお料理じゃないよ。この十円玉を100℃の沸とうしたお

湯の中に1分から2分入れておくと，なんとこの十円玉も同じように100℃になるの（子どもたちは「ふ～ん……」という感じで聞いています）。それで，100℃になったこの銅のかたまりを昨日と同じように水の中に入れます。水の量はこのくらい。100gです。このプラコップの中に100℃になった銅のかたまりを入れます。すると，どのくらい水の温度が上がるか，というのが今日の実験です。100℃の100gの銅が水の温度をどのくらい上げるか。

── 100gの十円玉のかたまりと，プラコップに入れた100gの水を見せていきます。

〔実験〕
　100℃で沸とうしている水（湯）の中に石や金属を入れると，その石や金属の温度も100℃となります。そうやって100℃に熱した銅100gを，温度（　　）℃の水100gの中に入れたら，その温度は何度くらいになるか，やってみましょう。

　実験のやり方
　100gの銅がなかったら，そのかわりに十円銅貨22枚（99g）を使ってもかまいません。アミに十円玉を入れておいて，100℃に沸とうしている水の中に1～2分入れておけばいいのです。
　水は紙コップかプラスチックのコップに入れておきましょう。熱した銅は，水だけでなくコップもあたためることになるので，コップは軽いほうがいいのです。何℃くらいあがるか予想をたてておいて実験してみましょう。

予　想（あがる温度は）　　　〔注：○の中の数字は意見を変更した人数〕
ア．0～10℃　　　　　　　　0
イ．10℃～30℃　　　　　　　0
ウ．30℃～50℃　　　　　　　9　↓　①
エ．50℃以上　　　　　　　　8　①　↑

界斗くん（ウ）：昨日の石も水が18℃から40℃上がったから，今日の銅でもそうかなと思いました。

大黒：なるほど。ただ，昨日の石の重さと今日の銅の重さは違っていて，入れる水の量も昨日はどんぶりにいっぱいだったけど，今日は100gね。それでも同じくらい上がる？

界斗くん（ウ）：はい。

佑汰くん（エ）：その十円玉はもう100℃になっているんだから，石のときにも水の温度は上がって，でも，石と銅はちがうから，石のときよりも水の温度は上がると思う。

真緒ちゃん（エ）：同じです。

—— 悠斗くんが（ウ）から（エ）に，優希くんが（エ）から（ウ）に予想変更しましたが，特に理由はありません。

神遊くん（ウ）：水の温度は18℃で低いし，50℃以上も上がらないと思います。銅が100℃になっていても，水の温度で下がると思う。

佑汰くん（エ）：でも，水の温度は18℃で銅の温度の方が熱いから，その熱で水の温度を上げると思う。

　実験は教師実験でなく，子どもたちがペアになってそれぞれが実験します。板倉さんの「実験上の注意」には，「水を沸とうさせるにはガスコンロに鍋をかけて沸とうさせるのがいい」と書いてあったので，実験は家庭科室でやります。子どもたちは教室移動にウキウキです。ペアに「温度計，プラコップ（100gの所に線をひいたもの），100gの銅のかたまり」を入れた箱を配りました。二つのペアにひとつのお鍋です。お鍋の水は最初から沸かすと時間がかかるので，休み時間のうちにわたしが一回沸とうさせておいて，沸かしやすくさせておきました。

プラカップの水100gの印

　最初に水の温度を測ります。黒板にはそれぞれのペアの水の温度を書いておきます。ほとんどのペアが19

℃でした。それぞれの調理台で子どもたちはお鍋をかこんで，沸とうするのを待っています。明るい家庭科室でお鍋が沸とうするのをおしゃべりしながら待っている子どもたちはゆったりとして楽しそう。そののんびりした感じがなんだかわたしにはとても楽しく感じられました。

　お鍋がグツグツ煮立ってきました。「先生！　もういい？！」とあちこちから子どもたちの声がします。早く実験したくて待ちきれない様子。お鍋はボコボコ沸とうしています。

大黒：おお～，いいね～。これくらい沸とうしたらいいよね。じゃあ，お湯も沸とうしたのでこれからお湯につけるよ～。十円玉がお鍋の底につかないように（つるして）してください。でも，お湯から十円玉が出たらダメだよ。お湯から出ないようにしてあっためてね。1分から2分で十円玉は100℃になります。テグスは長めにしてるから熱くないと思うけど，熱かったら交代してね。いい？　やり方分かった？
子どもたち：は～い♪
大黒：じゃあ，1分30秒くらいあっためようか。いくよ～，いい？
子どもたち：はい！
大黒：スタート！
優希くん：釣りみたいや～♪　面白い……。
──　子どもたちはニコニコしながらお鍋の中に十円玉をつるしてゆでています。お金を煮るというのはやったことないことだし，十円玉のかたまりをぶら下げるだけでも楽しそうでした。板倉さんは「生徒実験をさせてもよいが，はじめ一度は教師実験して見せた方がいいだろう」と実験上の注意に書いていましたが，わたしは最初から子どもたちの実験にしました。8グループあるので，多少の誤差はあってもその平均で実験結果が出ると思ったからです。

大黒：十円玉のかたまりをコップの中に入れるときには，お湯のしずく

がたくさん入らないようにしてね。でも，あんまり振ってたら十円玉がネットからはみ出て来るかもしれないし，冷めるので，ゆっくりお湯からあげて，そのまますぐコップの中につけてください。できる？
　大丈夫？

子どもたち：大丈夫！

――しばらく十円玉を煮ます。みんなで釣りをしているみたいで，なんとも楽しい雰囲気です。

大黒：はい，10秒前……。そろそろです。じゃあ，あげてください。お湯がコップの中にあんまり入らないようにしてね。入れたら温度計で計ってね。温度計で少しかき混ぜながら計ってください。目の高さで温度は見てね。

――「実験上の注意」には「コップに移すときは，湯のしずくを多量に移さないように注意する。しかし，付着している水分を無理に取ろうとすると熱が逃げる恐れがある。付着している水は，いくら多くても1㎤（1g）にはのぼらないから誤差は心配する必要はない」とあります。

優希くん：おっ！　上がってる！
だれか：先生！　十円玉が水の温度を上げてます！
子どもたち：ハハハ！

――2人でペアになってつるして十円玉をゆでる人，温度を測る人，どのペアも楽しそうに実験しています。子どもたちの楽しそうな顔に，わたしも幸せ気分です。

実験結果

最初の水の温度　十円玉を入れた後（上昇温度）
　　　17℃　→　26℃　（9℃）
　　　19℃　→　26℃　（7℃）

```
         19℃  →  25℃ （6℃）
         19℃  →  26℃ （7℃）
         19℃  →  25℃ （6℃）      〔注：途中で2つペアの十円玉のか
         19℃  →  26℃ （7℃）       たまりがほどけてしまったので，6
                                    つのペアの結果になりました〕
```

大黒：平均すると7℃上がったことになります。ということで結果は？

子どもたち：ア！

> **実験の結果**
> はじめ（19）℃だった水の温度が，（7）℃上がって（26）℃になった。

大黒：100gの銅の十円玉を100℃にすると，水の温度が7℃上がったね。

佑汰くん：昨日の石とは全然違う。

だれか：十円玉じゃあ石蒸し料理はできない（笑）。

子どもたち：ハハハ～

大黒：みんな楽しそうに実験してたけど，今日の実験は楽しかった？

子どもたち：楽しかった！

　子どもたちの感想

☆今日は予想ははずれたけど，自分たちで実験できて，十円玉をおなべでゆでるのがすごく楽しかった。早く熱がどこにたくわえられているのか見つけたいです。石と同じくらい温度が上がると思っていたけど，十円玉は全然ちがっていたのでびっくりしました。（一花）

☆今日は銅でやりました。ぼくは石のときよりも温度が上がると思っていました。でも，上がらなくてびっくりしました。でも，十円玉は石よりも小さかったからかなあと思いました。（羽於斗）

☆みんな外れました。でも，楽しかった。昨日の石むし料理で使った石も先生にもらってうれしかったです。次の実験が楽しみです。（咲良）

☆今日も楽しかったです。十円玉でやると7℃上がりました。意外にも

低かったのでびっくりしました。ちょっとむずかしいかなと思っていたけど楽しくて，次も楽しみです。（葉月）

☆今日の実験はまちがったけど，楽しい実験だった。（佑汰）

☆今日の実験は十円玉を100℃に熱して，水の温度が30℃から50℃くらい上がると思っていたけど，10℃も上がらなくてびっくりして不思議だなあと思いました。100℃の十円玉が27℃に下がったのも不思議です。（和）

☆石では40℃くらい水の温度は上がったのに，なぜ銅では10℃も上がらなかったのかすごく気になります。今度の実験は今日のことを生かしていきたいです。今日の実験も楽しかったです。（界斗）

☆今日は教室じゃなくて，家庭科室だったのがうれしかった。明日も家庭科室でしたいです。明日の実験が楽しみです。（拓澄）

☆今日の実験は実験の仕方が面白かった。（優希）

　優希くんが感想に書いてくれていましたが，この実験はとても楽しいです。ワクワクします。予想を立てて実験するって本当に楽しいです。

熱量は重さで決まるか？　　3回目，2015.4.15.（水）

大黒：今日は一円玉です。一円玉はアルミニウムという金属でできています。アルミホイルもアルミニウムでできているんだよ。どっちも銀色だよね。一円玉は1枚で1gです。これが100gのアルミニウム。一円玉が100枚あります。

——ネットに入れてつるした100枚のアルミニウムのかたまりを見せます。

子どもたち：おお～。

神遊くん：先生，それで100枚？

大黒：そう。100枚で100gあります。この実験のために先生はちゃんと四国銀行に行って2000円分を一円玉に両替したんだよ。手数料が500円もかかってびっくりしたよ（笑）。

子どもたち：ええ～！　お金がいるの？

大黒：今日の問題も昨日と同じようにアルミニウムを100℃の熱湯の中に入れると，100℃になります。100℃になったアルミニウムのかたまりを水の中に入れると，銅のときと比べてどのくらい水の温度が上がるかという問題です。昨日の銅のときと比べるんだよ。同じ重さで銅とアルミニウムでは水の温度の上がり方は同じくらい上がるか，違うか……，どうでしょう？

――100枚で100gの一円玉と，22枚で100gの十円玉のかたまりを子どもたちに持ってもらいます。重さは同じだけど，見た目はずいぶん違います。両方ぶらさげて，リレーのように手渡していくのが楽しそうです。

だれか：同じ重さなのに一円玉の方がでかいね。

大黒：見た目の大きさは違うけど，両方同じ重さの100gだよ。銅とアルミニウムでは水の温度の上がり方はどうかな～（笑）。

だれか：銅かな～。
　　　　銅でしょう～。

子どもたち：ハハハ～。

大黒：銅なる（笑）？

子どもたち：ハハハ～。

〔問題1〕
　こんどは，重さ100gのアルミニウムを100℃に熱して，温度（　　）℃の水の中に入れることにします。

銅100gのときとくらべて，水の温度はどのくらいあがると思いますか。一円玉1枚の重さはちょうど1gなので，100gのアルミニウムといえば，一円玉100枚ということです。

＊この実験には，いろいろ誤差が伴います。①熱がにげる，②100℃の水の一部がアルミニウムに付着してコップにはいる，③熱がコップを熱する（重さ5gの紙コップは水1.5g分），などです。

予　想

ア．銅のときと同じくらい（ちがっていても1℃以内）。　　　　2
イ．銅のときより温度が上がる（少なくとも1℃以上高い）。　　2
ウ．銅のときほど温度は上がらない（少なくとも1℃以上低い）。　13

真緒ちゃん（ア）：銅もアルミニウムも同じ金属なんだから同じくらい上がると思う。

優希くん（イ）：真緒ちゃんと似ているんだけど，アルミニウムも金属だから，銅よりもちょっとは温度は上がるんじゃないかと思いました。

佑汰くん（ウ）：銅とアルミニウムは同じ金属だけど種類が違うから。

大黒：今日も実験は家庭科室でします。
　　　じゃあ，家庭科室にこれから行くよ〜♪

子どもたち：イエ〜イ！

―― 家庭科室に移動します。「今日もやるぞ〜♪」という感じで教室移動も楽しいです。

大黒：じゃあ，自分のペアの実験の箱（温度計，プラコップが入っている）と，一円玉を持って行ってください。

―― 昨日と同じように休み時間のうちにお鍋にお湯を沸とうさせておきました。子どもたちは自分たちでプラコップに水を入れて水の温度を測ったりして実験の準備をしていきます。2回目なので慣れた手つきで

す。そして，それぞれのペアが水温を黒板に書いて，お湯を沸かし始めました。ガスコンロの使い方もすっかり上手になりました。子どもたちはお湯が沸くのを待っている間，楽しそうにおしゃべりしています。この時間も楽しい。しばらくするとお湯が沸いてきました。

だれか：先生〜，沸とうしました〜。
　　　　もういいんじゃない？
大黒：全部のお鍋が沸とうしたので，今から入れます。いい〜？
子どもたち：いいよ〜！
大黒：それじゃあ，今日も1分半！　いくよ〜。はいっ，入れてください！
だれか：よしっ！
──　お鍋には100gの一円玉がグツグツ……。じっと見つめる子どもたちです。ちょっと緊張しながらしっかりとひもを持ってぶら下げています。3階の窓の外はきれいな新緑。家庭科室は明るくて，のんびりとみんなで釣り堀で釣りをしているような雰囲気です。

大黒：はい，あと10秒！　そろそろ上げるよ〜，いい〜？
　　　はい！　1分半！　上げてください。上げて〜。
だれか：ええ〜，コップに入らん！
大黒：大丈夫，ゆっくり入れて……。
──　昨日の十円玉22枚よりも多い，一円玉100枚。かたまりが大きくなっていたのでちょっとコップに入れにくかったようですが，上手に子どもたちは水をこぼさずに入れていました。
大黒：時々，温度計で水をかき混ぜてね。温度が分かったら黒板に書いてください。
だれか：おお〜，上がってます！
だれか：銅よりも高い……。

佑汰くん：止まった……。

実験結果
　　最初の水の温度　　1円玉を入れた温度（上昇温度）
　　　　20℃　→　　34℃（14℃）
　　　　19℃　→　　36℃（17℃）
　　　　19℃　→　　31℃（12℃）
　　　　19℃　→　　34℃（15℃）
　　　　19℃　→　　36℃（17℃）
　　　　19℃　→　　37℃（18℃）
　　　　19℃　→　　36℃（17℃）
　　　　19℃　→　　34℃（15℃）

実験の結果
水の温度は（ 15 ）℃上がった。

大黒：平均すると水の温度は15℃上がりました。昨日の銅は7℃上がったので，銅と比べるとアルミニウムは8℃上がったことになります。
神遊くん：8℃も上がった！
大黒：だから，結果は？
子どもたち：イ！
大黒：同じ100gでアルミニウムは銅よりも8℃高く水の温度が上がったね。それじゃあ片付けようか。

　子どもたちの感想
☆今日はアルミニウムで昨日と同じ実験をしました。銅よりも8℃も高くなってびっくりしました。わたしは一円玉の方が数が多いから熱をたくさん保つのかなと思いました。（葵）
☆銅のときよりも上がったのは金属の種類がちがうからかな。今日の実

験も楽しかった。(咲良)
☆銅よりもアルミニウムの方が温度が高くなるのはなぜなんだろう。今日も楽しかったし、びっくりしました。(界斗)
☆今日は一円玉100まいで実験しました。銅のときより温度が上がりました。同じ金属なのになんで一円玉の方が温度が高くなるのか不思議です。今度の実験も楽しみです。(和)
☆今日の実験も不思議があって面白かった。どうしてアルミニウムの方が温度が上がるのか不思議です。明日の実験も楽しみです。(一花)
☆同じ金属なのにどうして温度がちがうのかびっくりしました。明日もやりたいです。(羽於斗)
☆実験が楽しい。家庭科室でするのがいい。(拓澄)
☆今日の実験は楽しかったです。明日の実験も楽しみです。(純平)

　十円玉(銅)と一円玉(アルミニウム)では同じ重さでも全然熱量は違いました。《熱はどこにたくわえられるか》を始めて三日目ですが、毎日、家庭科室に移動して実験しています。教室で教師実験すれば移動もしなくて、もっとどんどん問題もできますが、ゆっくり毎日1問ずつ、子どもたちが自分で実験するこのスタイルは新鮮でなかなか気に入っています。

体積を同じにすると？　4回目, 2015.4.20.(月)

大黒：昨日はアルミニウムで実験したね。銅と同じ100gで100℃に熱して、水の中に入れるとどのくらい温度が上がったかというと……。
真緒ちゃん：8℃。
だれか：銅よりも倍くらい上がった。
大黒：そうだね。昨日の感想文に「どうしてこんなに違うんだろう。不思議だなあ」と書いてくれていた人が何人かいたんだけど、同じ重

さ，同じ温度にしても，水の温度の上がり方は同じじゃなかった。そこで，お話があります。

優希くん：やった〜！　オレ，お話好き。

> 熱量は「重さ」で決まらない
>
> 　十円銅貨のときは100℃ 100g（99g）で（　　）℃くらいしか温度があがりませんでしたが，アルミニウムのときは100℃ 100gで（　　）℃近くも温度があがります。
>
> 　同じ100℃ 100gでも，アルミニウムの方が銅よりもずっとたくさんの熱をたくわえているわけです。「温度と重さが同じなら，同じくらいの熱をたくわえる」というわけではないのです。
>
> 　＊計算値だと，アルミの場合，はじめの水が10℃なら15.6℃上昇し，はじめの水が20℃なら13.9℃上昇します。

大黒：これ，分かる？　同じ100gで同じ100℃にして水の中に入れたら，アルミニウムの方が銅の倍くらい水の温度が上がったよね。

子どもたち：うん。

大黒：それってアルミニウムの方が銅よりもたくさんの熱をたくわえているということなんだよ。だから，銅よりも水の温度を上げることができたの。

神遊くん：なるほどね。

佑汰くん：倍，温度があがったということは，倍，熱をたくわえているってこと？

大黒：そうそう。

> 　もっとも，銅とアルミニウムとでは同じ100gといっても，体積がずいぶんちがいます。銅は約11㎤しかないのに，アルミニウムはその3倍の33㎤もあるのです。

大黒：見て，銅100gとアルミニウム100g。同じ重さなんだけど，見た

目はどう？
子どもたち：アルミニウムの方が大きい。
大黒：そうなんだよ。同じ重さだけど体積は違う。銅は11cm³，アルミニウムは33cm³。同じ重さで3倍も違うんだよ。

子どもたち：ええ〜！
神遊くん：3倍〜？！
優希くん：確かに……，一円玉の方が大きい。
大黒：そこで……

> そこで，ある人（Xさん）は「アルミニウムと銅の体積を同じにしたら，そこにたくわえられる熱量も同じになって，水の温度は同じくらいあがるだろう」と予想しました。

大黒：重さを同じにしても熱量は違うから，今度は体積を同じにしたら熱量が同じになって，水の温度は同じくらい上がるんじゃないかと……Xさんが考えたわけなんだよ。そこで，今日の問題です。

> 〔問題2〕
>   十円銅貨22枚の体積は11cm³です。11cm³のアルミニウムというと，一円玉30枚分ということになります。
>   そこで今度は体積11cm³のアルミニウム（一円玉30枚）を沸とうしている湯の中につけて100℃としてから，温度（　　）℃の水100gの中に入れることにします。
>   このように体積を同じにしたら，水の温度は銅のときとほぼ同じくらいにあがると思いますか。

大黒：これが銅と同じ体積の1円玉です。全部で30枚。今度は体積を同じにしてやってみます。見た目は同じでしょ。
──子どもたちの所を回って，目の前で銅とアルミニウムを見比べて

もらいます。

子どもたち：うん……，ほとんど見た目は同じ。
　　　　同じくらいの大きさや……。

大黒：これを前と同じように100℃の熱湯に入れて100℃にして，水の中に入れます。体積を同じにしたら，銅と同じくらい水の温度が上がるか。熱量は同じになるかという問題です。いい？

予　想

ア．水の温度は銅のときとほぼ同じだけ上がる。　9　④　①　(12)
　　（ちがっても1℃以内）

イ．水の温度は銅のときより上がる。　　　　　　3　　②　　(3)
　　（1℃以上高い）

ウ．水の温度は銅のときよりも上がらない。　　　4　　①　　(1)
　　（1℃以上低い）

優希くん（イ）：理由は同じ体積でも……同じ重さのときにはアルミニウムの方が温度が上がっているから，同じ体積でも銅よりも上がると思う。

葉月ちゃん（イ）：前も銅よりも温度が上がったから今度も上がると思う。

佑汰くん（ア）：同じ重さのときにはアルミニウムの方が水の温度が上がって，今度はアルミニウムの数を減らしたら，その分だけ熱も減って温度も前みたいに上がらないと思って，同じくらいにしました。

界斗くん（ア→イ）：体積が同じならほぼ温度は同じかと思ったけど，意見が変わって，やっぱり前もアルミニウムが温度が高かったから

熱の正体がわかった！

「イ」に変わります。

優希くん（イ）：やった〜！

真緒ちゃん（ア）：わたしは「ア」だけど，「イ」の人にききます。前にやった問題では両方とも同じ重さで，今日は体積を同じにするのに一円玉を減らしているので，減らした分アルミニウムの熱が減って，銅と同じくらいになると思います。それなのに，どうしてまだ銅のときよりも温度が上がるんですか？

優希くん（イ）：減った分，温度は下がるけど……アルミニウムは100枚から30枚になって……う〜ん……ちょっと待って……分かりません。計算してみる……。

大黒：計算？　計算ができるの（笑）？　計算してみる？

優希くん（イ）：最初の水の温度は20℃……，100枚のときは15℃上がる……。

羽於斗くん（イ）：アルミニウムは熱をたくわえやすいのに，どうして銅の時と同じなんですか？

佑汰くん（ア）：アルミニウムは熱をたくわえやすいけど，でも，一円玉は昨日は100枚だったから15℃上がったけど，今日は70枚減って30枚になるんだから……。

優希くん（イ）：どうしようかなあ……。

佑汰くん（ア）：減るから温度もそんなに上がらなくて銅と同じくらいになると思う。

優希くん（イ→ウ）：「ウ」に変わります。なんとなく。

秀人くん（ア→ウ）：「ア」から「ウ」に変わります。なんとなく。

神遊くん：ああ〜，どうしよう〜，やっぱりええわ……。変わらん。

実　験

今日も家庭科室での実験です。今日は，銅とアルミニウムに分けてペアで実験しました（銅：3ペア，アルミ：5ペア）。

●銅（11cm³）　　　　　　　　●アルミニウム（11cm³）

　　水温　22℃　→　29℃（7℃）　　　水温　22℃　→　28℃（6℃）
　　　　　22℃　→　29℃（7℃）　　　　　　22℃　→　27℃（5℃）
　　　　　21℃　→　28℃（7℃）　　　　　　22℃　→　28℃（6℃）
　　　　　　　　　　　　　　　　　　　　　21℃　→　26℃（5℃）
　　　　　　　　　　　　　　　　　　　　　21℃　→　27℃（6℃）

大黒：平均して銅は22℃から29℃に上がりました。7℃上がったことになります。アルミニウムは22℃から27℃に上がりました。5℃上がったことになります。同じ体積だとアルミニウムは銅と比べてなんと2℃低くなりました。結果は？

子どもたち：ウ！

実　験

　　銅11cm³（十円玉22枚）の実験もやり直してみるとよいでしょう。
　銅11cm³　　　　水の温度（22）℃→（29）℃
　アルミ11cm³　　水の温度（22）℃→（27）℃

大黒：昨日の同じ重さにしたときにはアルミニウムの方が上がったけど，体積を同じにすると，銅よりも低くなりました。じゃあ，これで今日は終わります。

原子の数を同じにすると？　　5回目，2015.4.21.（火）

　銅とアルミニウムは，重さを同じにしても，体積を同じにしても，熱量は違いました。「熱量は，重さでも体積でも決まらない。だったら，原子の数を同じにしてみよう」というお話から今日の授業は始まります。「1モル個」の説明があまり難しくならないようにできたらいいの

ですが……。子どもたちは4年生のときに《もしも原子が見えたなら》をやっていて、よく休み時間には「モルQ」（カードゲーム）で遊んでいるので、「モル」と言ったら、「ああ、あのモルQのモルか」と親しみやすいのではないかと思うのですが、どうでしょう。

大黒：昨日は体積を同じにしてやってみたら、今度はアルミニウムの方が熱量が小さくて銅よりも水の温度が下がってしまいました。どうも熱量は「体積」で決まらないようです。今日はその話からです。

原子の数を同じにしたら

　アルミニウムの体積を銅の体積と同じにすると、今度はアルミニウムを入れたときの方が温度があがらず、銅のときより1.5〜2℃くらい低くなります。つまりアルミニウムと銅とでは、重さや体積を同じにしても、同じ100℃にしたときに含まれる熱量はちがうわけです。

　アルミニウムと銅とでは、性質がとてもちがいます。ですから熱的な性質が「全くちがうのはあたりまえ」なのかもしれません。

　ところが、ある人（Ｙさん）はこう考えました。「〈熱というのは、もののもとになっている原子や分子がはげしく運動しているためにおきるものだ〉ときいたことがある。

子どもたち：ああ〜。
真緒ちゃん：熱の正体！
優希くん：分子運動！
だれか：速いと熱い。遅いと冷たい。
大黒：そうだったね。

だとすると、銅とアルミニウムの原子の数を同じくらいにしたら、そこに含まれる熱の量も同じになるかもしれない」というのです。

　これまでの実験では、銅とアルミの重さや体積を同じにして、それを100℃に熱したときの熱量をくらべてみました。こんどはＹさんの考えのように、原子の数を同じにしてその熱量をくらべたらどうでしょう。

大黒：同じ重さでも熱量はちがう。同じ体積にしてもちがう。じゃあ，原子の数を同じにしたら熱量は同じになるかもしれない……。今度は原子の数を同じにして比べてみようというわけなの。でも，原子の数を同じにするといっても原子は見えないよね。

佑汰くん：小さすぎて見えない。

大黒：そう。見えないものは数えられない。でも，科学者はちゃんと調べているんです。

優希くん：へえ～，どうやって？

大黒：みんなは「モルQ」好きだよね。

子どもたち：好き～！

大黒：あの「モルQ」の「モル」って，英語のmolecule「分子」っていう言葉を短くした言葉なんだよ。

子どもたち：へえ～。

大黒：「モル個」っていうのは，億とか，兆とかものの数を数えるときの単位です。1億個って数字で書くと，100000000個で，0が8個並びます。1兆個は1000000000000で0が12個並びます。1モル個はなんと，600000000000000000000000です。

子どもたち：ええ～！　滅茶苦茶0が多い……。

神遊くん：どんだけ～（笑）。先生，それっていつ習う？

大黒：多分，中学校で習うんじゃないかな～。高校でも習うと思うよ。そのときには，ああ，大黒先生と一緒に勉強したなあって思い出してね（笑）。1モル個は6に0が23個も並びます。すごいね～（笑）。なんで6っていう半端な数かというと，ちょうど水素2gの中に水素分子がこれだけあって，それを1モル個と呼ぶことにしたからなんです。それで，今，この十円玉が22枚あって，100gなんだけど，この中にある原子の数は……全部で1.6モル個です。

―― 子どもたちは数が大きすぎて，ちょっとイメージがわかないのかもしれません。「ふ～ん……」という感じできいています。

> 　原子は目に見えないので，その数を簡単にかぞえることはできません。しかし現代の科学者たちは「100gの銅に含まれている銅原子の数は全部で約1.6モル個」というように，原子の数についてもとてもくわしくしらべています。
> 　「1.6モル個」というときの「モル個」というのは，「億個」とか「兆個」というときと同じような，個数の単位です。1億個といえば1,0000,0000個 = 10^8個ということで，1兆個といえば1,0000,0000,0000個 = 10^{12}個ということですが，1モル個というのは6000,0000,0000,0000,0000,0000個 = 10^{23}個ということです。0が23個もつづくのですから，ふつうの数の単位ではよべません（無理によむと，6000垓個となる）。そこで，6×10^{23}個のことを1モル個というのです。
> ＊1モル個というのは1億とか1京などとちがって，6×10^{23}個などと，少しはんぱな数になっています。これは，もともと水素2gに含まれている水素分子（H2）の数を1モル個とよぶことにしたからです。じっさいにその数をくわしくしらべたら，6.02×10^{23}個あったので，6.02×10^{23}個を1モルとよぶことが多くなっています。「モル（mol）」というのは，英語のmoleculeモルキュール（分子）という言葉を略して作ったものです。

大黒：今日は銅とアルミニウムの原子の数を同じにしてやってみるよ。原子の数を同じにしたら同じように水の温度が上がるでしょうか？

> 〔問題3〕
> 　科学者の研究によると，銅100gに含まれる銅原子の数は，約1.6モル個です。アルミニウムの場合は，1.6モル個の原子というと，42gになります。
> 　アルミニウム1.6モル個（42g）を100℃にして，100g（　　）℃の水に入れたら，水の温度は銅100g（1.6モル個）のときとちょうど同じくらいあがると思いますか。

大黒：この十円玉の銅は100gで1.6モル個です。アルミニウムで原子の数を同じ数にすると42gになります。それで銅もアルミニウムも同じ1.6モル個になります。この十円玉の銅と一円玉のアルミニウムは原

子の数が同じで，両方1.6モル個なの。イメージできる？

子どもたち：……。

大黒：ハハハ……，見えないから数えられないけどね。どっちも1.6モル個なんだよ。

―― 1.6モル個の十円玉と一円玉を持って目の前で見せていきます。

大黒：なかなか同じ原子の数の物って見られないからね〜（笑），貴重だよ〜。
　　　原子の数が同じ♪　同じ♪　同じ♪

子どもたち：フフフ……。

神遊くん：先生，ホントにどっちも1.6モル個？

大黒：ホントに（笑）。どっちも1.6モル個！（笑）見えないけどね（笑）。科学者を信じてくれよ〜，神遊くん（笑）。

神遊くん：わかった……。

子どもたち：ハハハ……。

大黒：よかった♪　今日は，重さじゃない！　体積でもない！　じゃあ………。

子どもたち：原子の数？

大黒：そうそう。熱量は原子の数で決まるのか。原子数が同じだったら，同じくらい水の温度が上がるか。予想をたててみよう♪

　予　想

ア．水の温度は，銅のときと同じだけ上がる。　　　　14　①
　　（ちがっても1℃以内）。　　　　　　　　　　　　　　↑

イ．そううまくいかない（1℃以上のちがいがある）。　　2

優希くん（イ）：なんとなく。

神遊くん（ア）：同じ重さのときにはアルミニウムの方が水の温度が上

がって，熱が大きくて，同じ体積のときは銅の方が熱が大きかったから，原子の数が同じだったら熱が同じになるかなと思った。

秀人くん（ア）：銅もアルミニウムも同じ100℃になっていて，同じ温度なんだから同じ速さで動いていて，分子の数が同じだから，水も同じくらい温度が上がると思う。

神遊くん（ア）：同じです。

界斗くん（ア）：分子の数が同じで，100℃になっていて，原子ひとつひとつがみんな同じ速さになっていて，銅のときと同じくらい水の温度があがると思う。

優希くん（イ）：水の中でアルミニウムの分子と水の分子がメッチャぶつかり合うと思う。

佑汰くん（ア）：100℃のアルミニウムの分子と，20℃の水の分子がいっしょになったら，速い分子と遅い分子がいっしょになって……。

真緒ちゃん（ア）：銅の分子とアルミニウムの分子の数は同じなのに，どうして「イ」の人は同じ温度にならないんですか？

優希くん（イ）：なんでかは……，う〜ん……，分かりません。

拓澄くん（イ→ア）：「ア」に変わります。みんなの意見をきいていたらやっぱり銅と同じかなと……。

――― 実験は今日も家庭科室です。毎日3階の家庭科室への移動はちょっとした遠足気分。最初はめんどくさいと思っていたけど，「家庭科室へ行こう♪」というワクワク感。みんなでおしゃべりしながら家庭科室まで行っているときも楽しくて，明るくて広い家庭科室に入るときには，子どもたちは「うわ〜♪」と入ってきます。毎日なのになぜか楽しい。

いつもの実験セットをそれぞれのペアがとって，自分たちで実験の準備を始めます。カップに水を入れて，ガスコンロのふたをあけて，火を付けて，水の温度を測って，お湯がわくまで待つ。子どもたちは慣れた

ものです。今日は銅も一緒に実験します。アルミニウムはペア，銅はテーブルごとの実験です。

大黒：水の温度を測ったら黒板にペアごとに書いてね。
子どもたち：は〜い！
── お湯はすぐに沸いてきました。実験です。
秀人くん：先生沸いてきました〜。
大黒：は〜い，それじゃあ，みんないいかな〜？
子どもたち：いいよ〜。
大黒：じゃあ，いくよ〜，1分30秒！ スタート！ ………

大黒：そろそろです……あと10秒……はい，あげて〜，水に入れて温度を測ってください。時々混ぜてね〜。

　結　果
大黒：まず銅から発表してください。水温は全グループで22℃だね。
　1グループは？
佑汰くん：29℃！ 7℃上がった。
大黒：2グループ！
優希くん：31℃！ 9℃上がりました。
大黒：3グループ！
一花ちゃん：31℃。9℃上がりました。
大黒：最後，4グループ！
秀人くん：30℃で，8℃アップ！
子どもたち：ハハハ〜。
大黒：22℃から平均すると30.2℃になったね。（単純計算では30.25℃）
子どもたち：おお〜。
大黒：銅は8.2℃上がる。約8℃上がったね。それでは，いよいよ同じ

原子の数のアルミニウムはどうなったか……，代表の人，前の黒板に結果を書いてください。

── 8つのペアが黒板に結果を書きました。水温は22℃。29℃が2グループ，30℃が2グループ，31℃が3グループ，32℃が1グループでした。

大黒：おお〜。それでは，22℃から平均すると何度になったかというと……

だれか：ダダダダダ〜……。

子どもたち：フフフ……。

大黒：30.2℃！

子どもたち：おお〜！ すごい！

神遊くん：同じや〜。

大黒：すごいね！ 原子の数を同じにしたら温度が同じになった！

佑汰くん：同じや〜（笑）。

大黒：それではみなさん，結果は？

子どもたち：ア！

秀人くん：原子の数！

大黒：ハハハ……，水の温度は銅と同じだけ上がりました。とうとう同じになったね！

〔注：後で計算なおしたら，30.3℃でしたが，単純計算では30.375℃でした。誤差を考えれば，「ぴったり」といってよいでしょう。〕

結　果　　銅　　　　　　　22℃から30℃
　　　　　アルミニウム　　　22℃から30℃

子どもたちの感想

☆今日は新しいことを習いました。それは「モル個」です。モル個は億個，兆個と同じ個数の単位ということが分かりました。今日の問題は原子・分子の数を同じにしたらどうかという問題で正解しました。うれしかったし，今日も楽しかったです。(咲良)

☆温度の上がり方が同じなのは，重さでもなく，体積でもなく，分子の数でした。実験の結果同じですごいと思いました。もう分子で決まり！と思いました。今日は新しい単位を習いました。それは「モル個」です。(実央)

☆四年生のときにやった《温度と分子運動》を思い出しました。やっぱり熱の正体は分子運動だったんだと思いました。分子の数が同じだと熱量も同じになる。《温度と分子運動》が使えてびっくりしました。(真緒)

☆今日は分子の数が同じになると温度がぴったりになったのでびっくりしました。今日初めて正解しました。重さは全然ちがうのに，分子の数が同じになったら同じになってすごいと思いました。中学生か，高校生になったらまた習うのでそのときに生かしたいです。(神遊)

☆熱は原子の数で同じになりました。次がものすごく楽しみです。(葉月)

☆熱は重さでも，体積でもきまらなくて，分子の数で決まりました。分子の数を同じにしたらぴったりだったのでびっくりしました。分子の数が分かるのもすごいと思いました。(葵)

☆いつも楽しいので，また楽しい実験がしたいです。(秀人)

☆熱は原子の数できまりました。同じでした。(界斗)

☆今日の実験も楽しかったです。同じ原子，分子の数で温度の上がり方は同じでした。むずかしかったけど楽しかったです。10の8乗は今，公文で習っているので，科学でも使うんだなあと新しいことを発見できてうれしかったです。(和)

☆むずかしかったけど，楽しかった。(悠斗)

　科学って面白いなと思うのは，「本当にその通りになる」ということです。重さでも体積でも銅とアルミニウムの熱量は違っていて，熱量は「重さ」でも決まらない，「体積」でも決まらない。じゃあ，原子の数を

同じにしたらどうだろうという今日の問題。見事に同じように水の温度は上がりました。原子の数で熱量は決まる。本当にそうだったんだ！とすごく感激しました。《温度と分子運動》でやった〈熱の正体は分子運動〉というのが，ここで「本当にそうだったんだ」とまた納得しました。温度って熱量のことなんだ……と，わたしの方が勉強しているような気がして，授業しながらわたしもまた学ぶ楽しさを感じています。「重さ」でもない，「体積」でもない，じゃあ，「原子の数」ではどうかな？　とまるで授業書と一緒に自分が名探偵にでもなって謎を解いていくような，それが子どもたちと一緒にできる。そんな楽しさがあります。「授業書ってよくできているなあ」と，本当に感心します。科学って面白い！

本当に「原子の数」で決まるか？　6回目，2015.4.24.（金）

　昨日は，「原子の数」を同じにしたら，銅もアルミニウムもとうとう水の温度の上がり方が同じになりました。でも，「本当にそうかな。偶然かもしれないな。だったら，アルミニウムとうんと性質の違う鉛でやってみましょう」というのが今日の問題です。昨日は本当に原子の数を同じにしたら水の温度が同じように上がってすごくびっくりして，「やっぱり熱の正体は原子・分子運動なんだ」と納得していた子どもたちですが，今日の問題で「本当にそうかな」と，またきかれます。子どもたちは自信を持って「やっぱり原子の数だよ」と予想するのか，「昨日はたまたま同じになったのかも」と予想するのか。アルミニウムと性質が違う鉛で実験する所が面白いです。

大黒：今日はお話からです。
　　「たくわえる熱量は原子の数で決まるか」。

> たくわえる熱量は「原子の数」できまるか
> 　アルミニウムのときは，銅100gに含まれる原子の個数と数をそろえたら，同じ100℃に熱したときに含まれる熱の量がほぼ同じになります。しかし，これは偶然かも知れません。そこで今度はアルミニウムとは性質のうんとちがう金属，鉛で実験してみることにしたらどうでしょう。

大黒：これが鉛です。

優希くん：知ってる。

大黒：これは釣りで使うおもりの鉛なんだけどね。鉛は金属で，《三態変化》のときにとかした覚えてる？

だれか：ああ〜。

──子どもたちの所を回って鉛をさわってもらいます。

大黒：アルミニウムは原子の数をそろえたら熱量が同じになったけど，それはたまたまだったのかもしれないから，今度は鉛でやってみようとね……。

優希くん：たまたまじゃないろう。

大黒：優希くんはそう思う？

優希くん：うん。

> 　アルミニウムは軽い金属として有名で1cm³あたり2.7gしかありません。ところが，鉛は重い金属として有名で，1cm³あたり11.3gもの重さがあるのです。

子どもたち：ええ〜！

> （銅は1cm³あたり8.9g，鉄は1cm³あたり7.9gです）。そして，鉛の原子1.6モル個の重さは326gもあります。銅の場合の3倍以上，アルミニウムとくらべると8倍近い重さがあるのです。

子どもたち：おお〜。

佑汰くん：そうなんだ〜。

大黒：銅は1㎤あたり8.9g。

神遊くん：へえ〜，結構重い……。

大黒：鉄は……。

だれか：鉄は？！

大黒：7.9g。

子どもたち：ふ〜ん……。

大黒：他の金属と比べて鉛はすごく重くて，アルミニウムはすごく軽い。性質が全然違うの。鉛の原子，1.6モル個の重さは326gになります。これはみんな原子の数が同じで1.6モル個だよ。

── 銅・アルミニウム・鉛のかたまりを見せます。

子どもたち：ええ〜！！

優希くん：うそ〜！

大黒：ほんとだよ。みんな1.6モル個。

優希くん：でも，鉛の方が絶対多いと思う。だってでかくて重いもん。

大黒：全然重さが違うよね。でも，原子の数は同じ数なんだよ。なんでこんなに重さがちがうと思う？

優希くん：分かった！　一個の原子の重さがちがう！

大黒：その通り！　アルミニウムは一個の原子の重さがとっても軽い。鉛は一個の原子の重さがとっても重い。

優希くん：だからでかい？

神遊くん：ぺしゃんこにしたら同じかもしれん。

大黒：この三つの金属はみんな同じ原子の数。1.6モル個だよ〜。同じ！

── 銅・アルミニウム・鉛を見せてまわります。鉛は手に持ってもらいます。

佑汰くん：鉛はずっしりくる……。

秀人くん：原子が同じ数でも全然ちがう。

> 釣りに使う鉛のおもり（7号）は1個が26.25gです。ですから，4個で105gとなり，十円銅貨22枚（99g）とほぼ同じ重さになります（6％超過）。また，5個ではその体積が11.6cm³となって十円銅貨22枚（11cm³）とほぼ同じ体積になります（3.3％超過）。また12個では315gとなってほぼ1.6モル個になります（3.4％不足）。

大黒：さっきみんなに見せた一個の鉛は釣りのおもりで「7号」っていうおもりです。一個が26.25gです。

その鉛4個だと105gになって，十円玉22枚のときの重さ100gとほとんど同じ。これね（十円玉と鉛4個のかたまりを見せる）。

鉛4こ

こっちは鉛5個で，体積が十円玉とほとんど同じ。これね（十円玉と鉛5個のかたまりを見せる）。

そして，鉛12個で十円玉と原子の数が同じになります（十円玉と鉛12個のかたまりを見せる）。鉛4個で重さが同じになって，鉛5個で体積が同じになって，鉛12個で原子の数が同じになるの。これが最後の問題です。今日で終わりだよ。

鉛5こ

子どもたち：ええ〜！　うそ〜！

大黒：だって，これ短いんだもん（笑）。

神遊くん：問題3つくらいしかやってない。

大黒：4つだけど，短くても楽しいでしょ♪　短くても楽しい♪　長くても楽しい♪　科学は楽しいね〜♪

鉛12こ

子どもたち：ハハハ〜。

大黒：それでは最後の問題。問題4です。

優希くん：読む！

神遊くん：読む！

佑汰くん：読む！

秀人くん：読む！
大黒：ちょっと待ってね（笑）……，じゃあ，だれか読んでください。
男の子たち：はい！！

〔問題４〕
　こんどは鉛のおもりを100℃に熱して，温度（　　）℃の水100ｇの中に入れることにします。
　銅貨22枚（11㎤，1.6モル個）を100℃にして入れたときと同じくらい水の温度をあげるには，鉛のおもりを何個ほど入れたらよいと思いますか。

　予　想

ア．４個（銅と同じ重さ）。　　　０
イ．５個（銅と同じ体積）。　　　０
ウ．12個（銅と同じ原子の数）。　13
エ．どれもだめ。　　　　　　　　２

神遊くん：どれもだめってことはないやろ～（笑）。そんなのあり得ん！
優希くん（エ）：なんとなく。
神遊くん（ウ）：アルミニウムと同じで，原子の数を同じにしたら同じ温度になるかなと思って。
真緒ちゃん（ウ）：アルミニウムと原子の数をそろえたときも同じ温度になったのに，どうして鉛になると温度が変わるんですか？
神遊くん（ウ）：同じです！
佑汰くん（ウ）：同じです！
優希くん（エ）：アルミニウムは軽い金属で，鉛は重い金属だから性質がちがうと思うから。アルミニウムのときはたまたま同じくらい温度が上がったと思う。
──ここで休み時間になって，実験は家庭科室です。わたしは家庭科室でお湯を沸かしながら実験の準備をしています。静かで明るい家庭科

室には，外の換気扇にすずめが巣を作っていて「チュンチュン」かわいい声で鳴いています。お湯はシュンシュンわいてきて，子どもたちを待っていると幸せな気持ちになります。休み時間が終わって子どもたちは楽しそうに家庭科室に入ってきました。毎日ここで実験しているので，もう自分たちの教室のような感じです。

　釣具屋さんで7号の鉛のおもりを全部買いましたが，全部のペアに配れるだけの鉛がありませんでした。4個の鉛が4セット，5個の鉛が4セット，12個の鉛が2セット用意できました。

神遊くん：先生，よくこれだけおもり買って来たね。女でこんなにおもり買って，お店の人びっくりしたんじゃない？

大黒：うん。お店の7号のおもりを全部買って，もし7号じゃなかったらいけないと思って，他のサイズのおもりも買ったら五千円くらいになったよ。おもりばっかり買って変な人かと思われたかもね〜，ハハハ〜。

神遊くん：そんなに買ったが！

大黒：そうよ。神遊くんに楽しく実験してほしいと思ってね♪

神遊くん：ハハハ♪

　実　験

　まず重さが同じ4個でやってみました。4グループが実験です。銅の十円玉22枚の100gもやってみました。

　　　銅（100g・11㎤・1.6モル個）　　水温21℃　→　28℃（7℃上昇）
　　　鉛　4個（銅と同じ重さ）　　　　水温21℃　→　24℃（3℃上昇）
　　　鉛　5個（銅と同じ体積）　　　　水温21℃　→　25℃（4℃上昇）
　　　鉛　12個（銅と同じ原子の数）　　水温21℃　→　28℃（7℃上昇）

子どもたち：ピッタリ！　やった〜！

> 熱は原子や分子の振動のエネルギー
> 　鉛の場合も原子の数を同じにすれば，同じ温度に熱したときにたくわえられる熱量はほとんど同じになります。熱というのは原子の振動のエネルギーなのです。だから原子1個1個の重さはちがっていても，原子の個数が変わらなければ，たくわえる熱量もほぼ同じになるのです。
> 　こういうことは，アルミニウムとか銅，鉛の場合だけでなく，ほとんどすべての固体の場合になりたちます。

子どもたち：金も？

大黒：金も！

子どもたち：銀も？

大黒：銀も！

子どもたち：鉄も？

大黒：鉄も。

> 「2種以上の原子が結合してできた化合物」の固体の場合にもなりたつのです。これからみても，「熱というのは原子（や分子）の運動のエネルギーだ」といっていいことがわかります。
> 　もっとも，原子はただの球体ではなくて，少し複雑な構造をしています。そこでとくにいくつかの軽い原子，たとえば炭素原子や水素原子，酸素原子を含む化合物の場合はかなりくいちがいます。また，うんと低い温度になると原子の運動の仕方がふつうの温度のときとは変わってくるので，熱の法則もちがってきます。しかし，ふつうの温度では「すべての固体の熱のたくわえ方は原子の個数だけでほとんどきまる」と考えてさしつかえがないのです。
> 　　　　　　　　　　　　　　　　　　　　　　　　　　（おわり）

大黒：「すべての固体の熱のたくわえ方は原子の数だけでほとんど決まる！」ということですね。やっぱり，熱は原子・分子の運動だったんだね。

だれか：熱の正体は原子・分子の運動やね♪

大黒：そうだね。《温度と分子運動》のときには分子の速さの平均速度

で温度が上がるか下がるかを考えていったね。この《熱はどこにたくわえられるか》の勉強で，熱は原子の運動エネルギー，原子・分子の運動だから，原子の数で熱量は決まる。原子一個一個に熱がたくわえられているんだね。熱の正体は原子・分子の運動です♪

子どもたち：分子の運動♪

　子どもたちの感想
☆今日もとても楽しかったです。熱は原子・分子にたくわえられます。ぼくはびっくりしました。（羽於斗）
☆どんな金属でも原子の数を同じにしたらたくわえられる熱量は同じということが分かった。熱は原子の運動エネルギーということが分かってよかったし，楽しかった。（悠斗）
☆熱は重さじゃなくて，原子・分子の数で決まる。それが今日，はっきり分かりました。（一花）
☆「やっぱり12個でしょ」と思っていました。原子に熱がたくわえられる意味が分かりました。（葉月）
☆熱がどこにたくわえられるか分かった。ほんとに原子の中だった。（葵）
☆終わったのが残念です。でも，次の実験が楽しみ。（愛華）
☆今日で「熱はどこにたくわえられるか」は終わったけど，「熱はどこにたくわえられるか」の実験はすごく面白かった。（優希）
☆家庭科室でいっぱい実験しました。実験は楽しかったです。熱は原子・分子にたくわえられるということが分かってうれしかったです。（実央）
☆熱の正体は原子の運動です。銅やアルミニウムやなまりの原子の数を同じにすると，温度も同じになる。科学者になった気分です。（真緒）
☆今日で「熱はどこにたくわえられるか」が終わったけど，最後の問題もたのしかったです。熱は原子・分子にたくわえられます。（咲良）

昨日の銅とアルミニウムのように〈原子の数を同じにして比べる〉のではなく，銅と「重さが同じ」「体積が同じ」「原子の数が同じ」という選択肢にするのがさすがだなと思いました。子どもたちに銅と鉛を見せて選択肢を説明しながら，明快でよくできた問題だなあと楽しかった。《熱はどこにたくわえられるか》は終わりましたが，4つの問題，3つのお話のこのシンプルさがわたしはとっても気に入りました。なんといっても実験が楽しい。

最後は「もちしゃぶ」パーティー♪　　　2015.4.24.（金）

　《熱はどこにたくわえられるか》が終わりました。子どもたちは「もう?!」とびっくりしていました。あっという間に終わった気がしますが，それだけ楽しかったということでしょう。なんだかこのまま終わってしまうのはもったいない気がして，最後はまたみんなで「石蒸し料理」を，楽しかった勉強のお祝いにやることにしました。
　最初の日には枝豆をゆでました。あっという間にゆであがった枝豆に子どもたちはとてもびっくりしました。そして，それ以上に「美味しい！　美味しい！」と喜んで食べてくれました。それはとてもうれしく楽しい《熱はどこにたくわえられるか》の始まりでした。だから，最後も石蒸し料理です。
　犬塚さんは，「最後はしゃぶしゃぶだな」と笑っていましたが，普通のお肉のしゃぶしゃぶはちょっと無理。でも，おもちならできそうです。しゃぶしゃぶ用のおもちを買って，きな粉にお砂糖をたっぷり入れて，焼いた石で熱湯になったお湯におもちをくぐらせてきな粉をつけて食べる「もちしゃぶ」をやることにしました。
　「《熱はどこにたくわえられるか》は終わったけど，今日は最後に石蒸し料理をするよ」と子どもたちに言うと，予想通り「やった～！」と大

喜びの反応が返ってきました。このうれしい顔が見たかったのです。

　家庭科室でいつものように4つの調理台に分かれて、拳くらいの大きさの石を7個くらいずつを網にのせて焼き始めました。子どもたちにひとりずつ、きな粉の入ったお皿としゃぶしゃぶ用のおもちを配ると、お箸を持って待ちきれない様子で石が焼けるのを待っていました。

　前回は新しい網だったので石はきれいなままでしたが、洗うのを忘れていて、今回は石にすすがついて黒くなっていました。10分くらい焼いたあと、水を入れたおなべに石をどんどん入れていくと、ジュワ〜！という音に子どもたちは「おお〜！」と喜んでいたのですが、すすが浮かんできて「先生！変な物が浮いてきた！」と大騒ぎ。やり直しかなと思っていると、すぐに秀人くんがあく取りの網とおたまを持ってきました。気が利く秀人くんです。それですすをすくうときれいになりました。

　「じゃあ、ここでまず先生がどうやるかお手本を見せるからね」と言うと、子どもたちは「ええ〜」と待ちきれない様子でした。「まあ、まあ……」とわたしはものすごい注目の中でおもちをしゃぶしゃぶしました。おもちはすぐに柔らかくなりました。お箸からのびて落ちそうになったおもちに「ああ〜」と子どもたちからため息が出ている中、「お〜っと……」と言いながらきな粉のお皿に入れて、きな粉をたっぷりからめてぱくっと口に入れました。子どもたちが全員見ています。わたしはあんまり子どもたちが真剣に見ているのがおかしくなって、見せびらかしている自分が大人げないなあと恥ずかしくなって、「おいしい〜♪」と言いながら、笑ってしまいました。すると子どもたちも「先生〜」とみんなで大笑い。

　神遊くんに「先生、もういいよね！」とせかされ、「みなさん、どう

ぞ！」と言うと，子どもたちは「キャ〜♪」と言いながらそれぞれのテーブルにもどってもちしゃぶを始めました。一つのお鍋をかこんで子どもたちは楽しそうにおもちをお湯にくぐらせています。「美味しい〜♪」とみんな笑顔です。

　石が少なかったグループはしばらくすると冷めてきたので，また石を焼き直していれました。するとまたあっという間に熱いお湯になり，もちしゃぶのつづきができました。

　石の一つ一つの原子の中に熱がたくわえられていて，その石の原子の分子運動のエネルギーで水が沸とうしておもちも柔らかくなる。子どもたちの中にそんなイメージがあって，自分たちが学んだことをこうやって楽しいことをしながら実感できる。それが仮説実験授業のまた一つの魅力だと思います。おもちもなくなって「もちしゃぶパーティー」は終わりました。「みんな，もちしゃぶは美味しかったですか〜？」と聞くと，「美味しかった〜」と元気な声が返ってきました。そして，最後に「みんな，《熱はどこにたくわえられるか》は楽しかったですか〜？」と笑顔で聞くと，「楽しかった〜！」とたくさんの笑顔が返ってきました。毎日，家庭科室でやった実験。毎日，お鍋にお湯を沸かして，子どもたちはまるで釣りをするみたいに楽しそうにやった実験。《熱はどこにたくわえられるか》は最初から最後まで楽しかったです。

評　価	・楽しさ	とても楽しかった⑤	100％
	・分かりやすさ	とてもよく分かった⑤	94％（16人）
		よく分かった④	6％（1人）

子どもたちの感想

　　　　　　　　　（名前の後の数字は，楽しさ・分かりやすさの5段階評価）

☆《熱はどこにたくわえられるか》でわたしは4つの問題があって，わたしは最初から3問まちがえました。でも，最後の問題は原子の数で決まると思って正解でした。まちがえても本当のことが知れてよかったです。「そうなんだ」と思って楽しかったです。原子の数の「モル個」という単位が知れたのもいい勉強になりました。この《熱はどこにたくわえられるか》は短かったけどすごく楽しかったです。

（鎮西咲良　5・5）

☆この《熱はどこにたくわえられるか》でさらに科学が大好きになりました。原子と分子はすごいなあと改めて感じました。1モル個（6×10の23乗個）のことを知れて，中学生でまた出てきたら「先生とやったやつかあ」と思い出します。4年生のときから科学をやってきて，5年生の科学はむずかしかったけど楽しかったです。このことを生活の中にいかして，「今，原子・分子が運動しているなあ」と思ったりしたいです。この勉強は楽しかったし，むずかしかったです。石むし料理の枝豆も最後のもちしゃぶもすごくおいしかったです。　　（隅田界斗　5・5）

☆《熱はどこにたくわえられるか》の実験はすごく楽しかったです。何が楽しかったかというと，毎日みんなで家庭科室に行って実験したのが楽しかったです。石むし料理もすごく楽しかったです。今日のもちしゃぶもすごく楽しかったです。次の科学がすごく楽しみです。

（楠瀬秀人　6・6）

☆わたしは初めて《熱はどこにたくわえられるか》をやったとき，「本当に熱はどこにたくわえられるのかな……」と思いました。石むし料理をして，こんな作り方があるのかと思いました。実際に枝豆やもちしゃ

ぶを食べてみるとすごくおいしかったです。熱はどこにたくわえられるかが分りました。やっぱり科学は楽しい。科学に出会えてよかったと思いました。また新しい科学も「なんでだろう？」という気持ちで勉強していきたいです。
(山﨑葉月　5・5)

☆《熱はどこにたくわえられるか》はすごく楽しかった。先生も「初めてやったけどすごく面白かった！」と喜んでました。石むし料理で石を焼いてあんな料理ができるなんてすごいと思いました。石むし料理は楽しかったです。熱量は重さでなく，体積でもなくて，原子・分子にたくわえられていました。次は何だろう。楽しみにしています。
(橋詰　葵　6・6)

☆最初，ぼくは，熱はどこにたくわえられるか分かりませんでした。ガスコンロの中かなと思っていました。でも，この勉強をして，熱は原子・分子の中にたくわえられることを初めて知りました。そういえば，《温度と分子運動》のときに，熱の正体は原子・分子の運動というのをやって，速いと熱くて，おそいと冷たいというのをやったなあと終わってから気がつきました。熱は重さでも体積でも決まらなくて不思議がいっぱいでした。でも，重くても軽くても原子の数が同じなら温度が同じになるということがとてもよく分かりました。めっちゃ楽しかったです。
(河野羽於斗　6・6)

☆《熱はどこにたくわえられるか》の実験では，熱のことがたくさん知ることができてうれしかったです。熱は原子・分子の運動で，速いと熱くて，おそいと冷たいということを考えながら実験をしました。「石むし料理」という料理があることも知れたし，実際に石むし料理をしてみると，石がすぐに熱くなって，水の中に入れるとグツグツふっとうしてきてびっくりしました。枝豆を入れると冷とうしていたのにすぐにあっ

たかくなって，食べてみるととてもおいしかったです。最後の日には「もちしゃぶ」をしました。石が熱くなって水の中に入れるとすぐにふっとうして，おもちもやわらかくなっていくのが分りました。
　　　　　　　　　　　　　　　　　　　　　　（戸梶　和　5・5）

☆《熱はどこにたくわえられるか》は短かったけど，いっぱい実験をして楽しかったです。石むし料理は石を焼いて，水と枝豆を入れたおなべに石を入れると，枝豆がゆでれて，おいしい枝豆を食べれてよかったです。温度の上がり方は，重さをそろえてもダメ，体積をそろえてもダメ，それで原子の数をそろえると上がり方は同じになりました。それで，熱は原子にたくわえられるのが分りました。最後のもちしゃぶもとってもおいしかったです。　　　　　　　（濱田実央さん　5・5）

☆《温度と分子運動》でやったことを使って予想して実験したら，予想が当たってうれしかったです。家庭科室でやった石むし料理はすごく心に残っています。石と水で料理ができることを初めて知ってすごいと思いました。もちしゃぶも楽しかった。石を焼いて，お風呂もわかすこともできると聞いてびっくりしました。《熱はどこにたくわえられるか》はすごく楽しかったです。次も楽しみです。　　（戸梶一花　5・5）

☆《熱はどこにたくわえられるか》が終わりました。難しかったけど楽しかった。この実験をして分ったことは，熱量は原子の数で決まるということです。今日は最後にまた石むし料理の「もちしゃぶ」をしました。最高でした。家でもやってみたいです。　　　　　　（中岡悠斗　5・5）

☆《熱はどこにたくわえられるか》で熱は原子や分子にたくわえられていることを知れました。銅・アルミニウム・鉛を原子の数を1.6モル個にすると，水の温度は同じくらい上がりました。最初にやった枝豆の石

むし料理と最後にやったもちしゃぶがとても楽しかったです。家でも家族みんなで石むし料理をやってみたいです。　　　　　（高橋佑汰　6・6）

☆《熱はどこにたくわえられるか》は最初はむずかしいと思いました。でも，あとからすごく分りやすくてかんたんになってきました。石むし料理をみんなで食べてとても楽しくておいしかったです。科学者はいつもこんなことをやっているのかなと思いました。また犬づか先生といっしょに勉強したいです。次の科学がすごく楽しみです。

（柏井優希　6.6）

☆《熱はどこにたくわえられるか》は《温度と分子運動》をやっていたからよく分りました。銅やアルミニウムやなまりをふっとうしたお湯の中に入れる実験は楽しかったです。銅をお湯の中に入れたとき，銅が一回り大きくなったような気がしました。いつもの科学より短かったけどとても楽しかったです。最初にした石むし料理もすごく心に残っています。みんなといっしょに食べた枝豆はすごくおいしかったです。

（坂本真緒　5・5）

☆《熱はどこにたくわえられるか》をやって，熱がどこにたくわえられるかが知れてうれしかったです。この勉強は短かったけど楽しかったです。もちしゃぶもすごくおいしかったです。次の科学が楽しみです。

（渋谷拓澄　5・5）

☆《熱はどこにたくわえられるか》は楽しかったです。意外と短かったです。よく分りました。石むし料理も楽しかったです。

（竹中愛華　5・5）

☆《熱はどこにたくわえられるか》で最後にもちしゃぶをやりました。

石を熱して水の中に入れたらお湯になって，おもちがやわらかくなったのでびっくりしました。《熱はどこにたくわえられるか》は本当に楽しかったです。
　　　　　　　　　　　　　　　　　　　　　　　（濱口純平　5・4）

☆ぼくはこの《熱はどこにたくわえられるか》がすごく楽しかった。そして，すごくよく分かった。一番よくおぼえているのが，最初にした実験だった。十円玉を22枚ネットに入れて（99ｇ），ふっとうしている水に1分から2分入れてあたためて，それを100グラムの水に入れたら19度から7度上がって26度になりました。ぼくはこの実験がすごく楽しかった。みんなで毎日家庭科室に行って実験したのがすごく楽しかった。原子の数を同じにすると一円玉もなまりのおもりも同じくらい温度が上がったのでびっくりした。みんなですごく喜びました。楽しさ1000パーセントだった。
　　　　　　　　　　　　　　　　　　　　　　　（矢野神遊　5・5）

追　記

　冷凍枝豆がまだ余っていたので，もちしゃぶの後でもう一度石蒸し枝豆をやりました。2400ｇの水の温度は冷凍枝豆（1.5袋）を入れると18℃。そこに8こくらいの石（約3500ｇほど）を焼いていれました。すると温度計は一気にぐんぐん上昇。70℃になってあっという間にほかほか枝豆のできあがり。おいしくて楽しい石蒸し料理でした。秋には川原で焼いもをして，焼けた石で足湯をやろうと計画しています。今，学級園でおイモを育てています。楽しみです。

　科学の授業のあとは，いつも「科学新聞」を書いています。

科学新聞
イメージをうかべながら空想する

2015年 4月 28日

熱はどこにたくわえられるか新聞

名前 山﨑 葉月

この勉強はちょっとむずかしかったです。原子の数1.6モル個とかでてきてむずかしくなりそうだなと思ったけど楽しかったです。

水の中に野菜や肉などを入れておいてその中に熱した石をどんどん入れると水は沸とうし、野菜や肉を料理することができます。こういう料理法は今も残っていて「石焼き料理」といわれます。

原子の数 1.6モル個
「モル個」というのは、億個とか兆個というときと同じような〈個数〉の単位です。

熱量は原子の数 できまる

熱というものは原子のしん動のエネルギーなのです。

熱は原子分子の運動
アルミニウムとか銅やなまりの場合だけでなくほとんどすべての固体の場合に成り立ちます。

重さ 100g

体積 11cm

原子の数 1.6モル個

科学新聞
イメージをうかべながら空想する

2015年 4月 28日
名前　戸梶　和

熱はどこにたくわえられるか 新聞

熱の事をたくさん知って、石を熱して料理ができる
事を知って、びっくりしました。楽しかったです。

重さ　体積　原子の数
1.6モル個

石蒸し料理
石を熱してその石を水の中に入れたらふっとうして、料理ができる事です。

熱量は重さでも体積でも決まらず、今度は、原子の数で決まるか実験をすると、アルミニウムは、軽い金ぞくで有名で、なまりは重い金ぞくで有名。だから性しつが全たくちがうのに、原子の数では、ぴったり同じ！

熱量は
原子の数で決まる

熱は、
分子、原子の
運動。

熱というものは、原子分子のしん動のエネルギーなのです。だから、原子1個1個の重さはちがっていても、原子の個数が変わらなければたくわえる熱量は同じになるのです。

分子原子の運動
速い → 熱い
おそい → 冷たい

感想
熱の事もいろいろ分かったし、石蒸し料理のことも知れてうれしかったです。

あとがき

大黒美和

　《熱はどこにたくわえられるか》は初めてやる授業書でした。犬塚清和さんの高校での授業を見て記録を書き，楽しかった記憶はありましたが，1時間の授業を見ただけだったので，わたしにとっては未知の授業書でした。犬塚さんがメールで送ってくれたこの授業書をプリントアウトして，読み，実際にやってみると，初めて知ることがあってわたしはすごくびっくりしました。焼いた石を水に入れると温度が上がるなんて。料理までできるなんて。冷凍枝豆が一気にほくほく枝豆にゆであがったのには「なんて面白いんだ！」と飛び跳ねたくなりました。

　毎日，家庭科室で予備実験をしながら自分自身が驚いたり，授業書の構成の素晴らしさに感心したり，「これなら子どもたちも喜んでくれる！早く授業がしたい！」と明日の授業が楽しみでたまりませんでした。

　子どもたちは4年生の時に《もしも原子が見えたなら》《三態変化》《温度と分子運動》をやっていて，〈熱の正体は分子・原子の運動〉であり，〈温度というのはその分子・原子の運動の激しさの程度〉ということを勉強していました。

　ですから，《熱はどこにたくわえられるか》の授業が進むうちに，子どもたちは「熱はもしかして原子の運動かな？」と考え始め「熱の正体は分子・原子の運動だった！」「そうだ！」と《温度と分子運動》で学んだことと結びついていったのです。その瞬間は感動的でした。

　さらに，「アルミニウムも鉛も原子の数を同じにした時の水の温度の上がり方が同じ」という結果を知って，「やっぱり熱の正体は分子・原子の

運動だったんだ！」と，実感したのでしょう。その時の子どもたちの輝いた笑顔。そして，自分の考えが正しかったといううれしさや自信が子どもたちの「やった～！」の歓声に凝縮されたあの光景を，わたしは忘れられません。「本当に熱は分子原子の運動だったんだ…」と真緒ちゃんのつぶやき。子どもたちもわたしも，一個一個の原子の存在を感動的に実感できました。ものはものすごくたくさんの原子からできているけど，その一個一個が大事な存在なんだなあ。なんだかすごくあったかい気持ちになり「原子一個一個が大事なんだよ。人間ひとりひとりも大事なんだよ」と心の中で子どもたちに話しかけていました。

　一つ一つの原子の存在や分子運動を改めて実感でき，今まで持っていた〈原子〉のイメージがより豊かに深まりました。しかし，なによりもそうした新しい感動を子どもたちと共感できたこと，それがこの《熱はどこにたくわえられるか》で一番楽しかったことであり，うれしかったことです。そして，その記録がこんな本になって本当にうれしいです。（仮説社のみなさん，ありがとう！）

　授業をしていてうれしいのは，わたしがびっくりしたこと，すごいなあと感動したことに，子どもたちも同じようにびっくりしたり，喜んでくれる姿が見られることです。そんな子どもたちを見ていると，わたしはもう結果を知っているのに，まるで初めて知ったような新しい感動がわいてくるのです。そういう意味では，子どもたちは喜びや楽しさを分かち合える相棒であり，仲間です。新しい世界を知る楽しさと，その楽しさを共感できる仲間がいるうれしさ。それが仮説実験授業をする教室のステキな姿じゃないかと思います。

　毎日，教室で予想を立ててから家庭科室へ移動するのは，まるでみんなでハイキングに出かけるようなワクワク感でした。お湯をわかして，ワイワイ言いながら十円玉や一円玉をゆでるのは，なんとも言えない楽しさでした。

　葵ちゃんの最後の感想文に「先生が〈先生も初めてやったけど，すご

く面白かった〉と喜んでいました」と書いていましたが，《熱はどこにたくわえられるか》をわたしは子どもたちと同じくらい，もしかしたら，子どもよりも喜び，はしゃいでいたような気がします。でも，子どもたちにとって，「すごく楽しそうな先生」と共にすごす時間はかなりうれしいことじゃないかとも思っています。

　この《熱はどこにたくわえられるか》は中学生以上を対象にしていると解説に書かれていましたが，小学生でもすごく楽しく授業ができました。中学校や高校でも楽しく授業ができると思います。決して簡単すぎることはないと思うし，大人にも新しい発見があって楽しく学べると思います。使う道具は，プラカップと十円玉や一円玉，釣りのおもりの鉛，温度計，石ころなど身近な道具。そして簡単な実験で，熱がどこにたくわえられるか，分子運動を感動的にまなぶことができるのです。この授業書に出会えて本当によかった。こんな授業書があることをもっとたくさんの人たちに知ってもらいたいです。体験してほしいです。そして，体験した先生は子どもたちに伝えてほしいです。

　最後になりましたが，この授業書を作ってくれた板倉聖宣さん，高校での授業で《熱はどこにたくわえられるか》の楽しい出会いをさせてくれ，この授業をするきっかけを作ってくれた犬塚清和さん，そして，この授業の楽しさを教えてくれたわたしの心強い仲間，5年生の子どもたちに感謝の気持ちでいっぱいです。この気持ちは「ありがとう」の言葉でしか伝えられなくて，何の恩返しもできませんが，子どもたちと楽しく元気に仮説実験授業をしていく笑顔で返していきたいです。今の5年生の子どもたちと，そしてこれから出会う子どもたちと，楽しく，もっと楽しく，もっともっと楽しく仮説実験授業をしていきます。（2015.7.6）

板倉聖宣 (いたくらきよのぶ)

- 1930年 東京下谷（現・台東区東上野）に生まれる。
- 1958年 物理学の歴史の研究によって理学博士となる。
- 1959年 国立教育研究所（現・国立教育政策研究所）に勤務。
- 1963年 仮説実験授業を提唱。科学教育に関する研究を多数発表。
- 1983年 教育雑誌『たのしい授業』(仮説社) を創刊。編集代表。
- 1995年 国立教育研究所を定年退職（名誉所員）。私立板倉研究室を設立。

主な著書

『もしも原子がみえたなら』『科学的とはどういうことか』『サイエンスシアターシリーズ』『仮説実験授業』『増補 日本理科教育史（付・年表）』（以上，仮説社）他多数。

犬塚清和 (いぬづかきよかず)

- 1942年 愛知県西尾市に生まれる。
- 1965年 同市で中学校の教員となる（1967年～仮説実験授業研究会 会員）。
- 2003年 教員を定年退職。現在，ルネサンス豊田高校校長・ルネサンス高校グループ名誉校長。

主な著書

『教師6年プラス1年』『輝いて！』（仮説社）その他編集執筆した本・雑誌は多数。

大黒美和 (おおぐろみわ)

- 1966年 高知県幡多郡大月町に生まれる。
  中学3年の時，岡田哲郎さんの塾で《ものとその重さ》の授業を受ける。その楽しさに，それまで大嫌いだった実験や理科のイメージが崩れる。
- 1995年 高知県内の小学校に勤務しつつ，仮実研の西川浩司氏，犬塚清和氏らに学び，くわしい授業記録を精力的に発表。仮説実験授業研究会会員。

熱はどこにたくわえられるか

2015年8月10日 初版発行（1500部）

著者 板倉聖宣 ©ITAKURA KIYONOBU, 2015
　　 犬塚清和 ©INUZUKA KIYOKAZU, 2015
　　 大黒美和 ©OGURO MIWA, 2015

発行 株式会社 仮説社
　　 169-0075 東京都新宿区高田馬場2-13-7
　　 電話 03-3204-1779　FAX 03-3204-1781　www.kasetu.co.jp　mail@kasetu.co.jp
　　 編集 竹内三郎・増井淳・成松久美／装丁 渡辺次郎
　　 印刷・製本 平河工業社
　　 用紙（表紙：モデラトーンシルキー四六Y135kg/本文：モンテルキア菊T41.5kg）

Printed in Japan　　　　　　　　　　　　　　　　ISBN 978-4-7735-0263-3 C0337